朝日新書
Asahi Shinsho 757

江戸とアバター

私たちの内なるダイバーシティ

池上英子
田中優子

朝日新聞出版

江戸とアバター　私たちの内なるダイバーシティ

目次

第二章 「アバター主義」という生き方　池上英子

第三章 江戸のダイバーシティ　田中優子

編集執筆協力＝加賀直樹
写真＝株式会社ミーアンドハーコーポレーション・柳家花緑　池上英子
図版作成＝谷口正孝

序章　江戸と仮想世界——二つの覗き窓から

池上英子

ニューヨーク・ダウンタウン、14丁目あたりの五番街通りに面するニュースクール大学は、私が「社会学」の教鞭を長年執っている大学だ。いくつかのビルからなる都市型大学で、広々とした敷地に伝統的な建造物が点在する、以前私が教えていたイェール大学のような典型的なアメリカ郊外型大学とはおよそ趣を異にする。2019年、創立100年を迎えたが、「五番街の街路がまるまるキャンパス」といった風情の学び舎である。かつてナチス・ドイツの迫害から逃れたユダヤ系の学者をヨーロッパから多数受け入れ、保護した歴史でも知られるコスモポリタンな大学だ。あらゆるルーツをもつ人びとが、街をキャンパスを、自由に闊歩している。

田中法政大学総長との出会い

紅葉にはまだ少し早い2017年の秋のある日、江戸文化研究家にして法政大学総長でもある田中優子さんとスタッフ一行が、颯爽と大学にやってきた。法政大学とニュースクール大学が協定を結ぶこととなり、私はそのお手伝いをさせていただくことになったのだ。

それまで、田中優子さんとは直にお会いしたことはなかった。けれども、田中さんの研究について私はよく存じ上げていた。田中さんは『江戸の想像力』（筑摩書房）、『江戸はネットワーク』（平凡社）などの魅力的な仕事で知られている。博識で、かつ、思わぬ方向から江戸の人びとの世界観にシャープに迫っていく独自の視角には、私は何度も舌を巻き、刺激を受けたものだ。とりわけ驚いたのは、江戸の図像の解釈の本を読んだときのことだ。まるで絵のなかに入り込んだように、ビビッドな筆致で詳述されていた。モノのとらえ方が見事で、その想像力には共鳴や親近感を覚えていた。

　戦後の歴史学研究の流れにおける、江戸時代研究といえば、村落資料や大名の法令集などを分析して「年貢がいくらである」とか、「秩序の構造がこうだった」などといったものが主流だった。しかし、いまは、歴史学の手法は世界的に多様化の一途をたどっている。とりわけ、ナラティブ（物語）を重視する手法や、絵画などのビジュアルな資料の分析が、歴史叙述に新鮮な風を吹き込んできた。漫画のようなイラストと文とが一体となった「黄表紙（きびょうし）」に象徴されるように、実は江戸は、ナラティブとビジュアル資料の宝庫である。田中さんはもともと「日本文学」研究の出身なのだが、そんな資料を渉猟（しょうりょう）し、見えるものをテコにして、その奥に深々と広がる、見えない世界を読み解くのだ。

　江戸の絵というものは、浮世絵にしても何にしても、ほとんど平たく見えるものだ。ところが、田中さんはそこに時間を読み、空間に入り込んだような読み方をする。川が描いてあれば、その川のなかにご自身が入ったような気持ちになるらしい。まるで、時刻表を眺めながらイメージトリップするように、フラットな平面画像のなかに物語を見て、時間の流れを見て解釈する。私自身にはそういう感覚は残念ながらあまりないけれど、後述するが私は「そういう人たち」を見てきたので、田中さんのアプローチの価値がよくわかるのだ。そしてグローバルかつネットワーク的な思考法。これは社会学者である私はもちろん、大いに共感する。「同じ景色を見ているな」という親近感を、ぼんやり抱いていた。

一方、私のほうはといえば、もともと歴史社会学者として米国の学会で活動してきた者である。とくに「ネットワーク分析と創発性」という、社会学的視点から江戸の社会を研究する自著『美と礼節の絆——日本における交際文化の政治的起源』（NTT出版　原著 *Bonds of Civility,* Cambridge University Press）では、中世から始まり、とくに江戸の芸能や趣味・文芸の世界に根付いていた柔らかな絆に焦点をあててきた。

その昔、江戸の社会秩序は、表向きには「タテ」に厳密に分割統治されていた。ひとが、この社会の一員であると認められるためには、村や町、寺社、職業上の団体など、何かの社会集団に属していることが必須だった。その社会集団の性格は一様ではないが、その所属が「身分」を決め、それぞれどこの殿様やらお公家さん、お奉行、お代官、などの「支配」を受けるかについては決まっていた。年貢を納めたり、届出をしたり、裁判を起こしたり。およそ現代でもお役所が絡むようなことは、江戸では属する社会集団を通して、その決められた「支配」にリポートしなくてはならない。この時代の人びとは、こうして表向きの「社会的な自己」と「役割」の立ち位置が決まっていた。

まるで、現代社会におけるさまざまな弊害をもたらした「タテ割り行政」の元祖のようだが、しかしそれで終わらないのが江戸の奥深さだ。むしろ窮屈な「タテ」の構造をバネにして、それを迂回（うかい）する広くてしなやかな「ヨコ」のネットワークが日本中にぐるぐると広がっていた。なにしろひとは動き、物は流通する、そして情報はそれにつれて飛び回る。この循環がタテ割りの「枠」を揺り動かし、その外でのヨコの交際の機会が広がっていったのだ。

表向きの構造の裏では、芸名などの江戸的儀礼装置に守られながら、まるでサーキットを開放したような、自由な「ヨコの繋（つな）がりの場」が存在していた。そうしたコミュニケーションの場のことを、社会的また認知的なネットワークが交差するところに誕生する隠れ家「パブリック圏」と私は定義づけている。「パブリック圏」とはコミュニケーションが起こる「場」を指している。パブリック圏には、隠れ家タイプだけでなくいろいろな種類があるが、一般的にいろんなネットワークを内部にも抱えている人間は、「パブリック圏」でネットワーク接続のギアチェンジを行うのだ。江戸の社会では、「タテ」秩序の構造下においては、まるで蝶々の標本のように身分や社会的役割にがんじがらめになった人びとが、隠れ家「パブリック圏」のなかにおいては、実に自由に羽ばたき、そのアイデンティティも、翅の色さえも、限りなく七色に変える場が広がっていた。そうしたお江戸の隠れ家のような「パブリック圏」に、とくに私は深く魅了されたのだ。

さて、時は流れて、現代社会。この世界でそれに類するネットワークの交差する場とは、どこだろう。考えをめぐらせるまでもなく、その典型はインターネットを媒介としたネットワークであるだろう。学究対象として真剣に取り組まざるを得ないと思うようになった約十年前、私がまず試みたのは、自分自身の「アバター」を作ることだった。

「アバター」。それはネットワーク上の仮想空間におけるユーザーの分身のことだ。オンラインゲームやチャットなどには、自分好みの顔や服装をした分身を使い、コミュニケーションを交わせるサービスがある。2010年に公開された同名SF映画を想起する方も多いだろう。あの作品は、最新CG技術を駆使した3D映像で、主人公の元兵士が、人間と先住民のDNAを組み合わせた「アバター（分身）」に、自身の意識を送り込む映画だった。それは、もし、ひとが第二の身体と心、そしてその心身にふさわしい対人関係と自然環境をもったらどうなるか、という深い問いを含んだ映画だった。「アバター」はもともとインドの言葉で、聖なるものが地上に降り立った仮の姿のことをいう。このデジタル時代の仮想世界においては、大好きな動物のアバターになったり、別のジェンダーになったり、ということが頻繁に起こっている。自分のなかのある部分・気持ちを形象化したそんな分身を使い、他の人びとと交流する形態。人間のアイデンティティの複雑さを目に見える形で示され、私の研究意欲は大いに掻き立てられた。

「『アバター』的分身主義から、個性を見てみよう」。ひとの個性はさまざまな刺激を受けながら成長し、移り変わっていくものだ。そして、ひとの個性はひとつのカテゴリーだけに収まらない。ひとを、まるで「封建制下の虫ピン」のように一つのアイデンティティだけに固定するのではなく、「『アバター』のネットワーク」として考えるほうが、理にかなっているはずだ。

いくつものアイデンティティのなかを蝶々のように行き来する自由さは、ひとをラクにさせてくれる。「アバター」を作ってweb空間を回遊してみると、擬似3D空間のなかで自分の「アバター」を操りながら、他者と交際するいくつもの光景を目の当たりにした。

そして、その空間のなかに、発達障害などのさまざまな障害を抱える人びとが、社会の作り上げた既存のカテゴリーを軽やかに乗り越え、交際の輪を広げていた。覗(のぞ)き込んでみると、それは私の想像をはるかに超えた、豊潤な世界が広がっていた。

というわけで、思わぬ脇道から私の研究は、「コミュニケーション、社会的相互行為に障害が現れる」とされている「自閉スペクトラム症(ASD)」のひとたちの研究にのめり込んでいった。幸い、冒険やイノベーションに対しては好意的な眼差しをもつ米国において、この研究は「米国国立科学財団」「ロバート・ウッド・ジョンソン財団」などの援助を得て、研究助手をつとめる10人以上の院生たちの研究グループができ、楽しく有意義な研究となった。

ただ、私は歴史社会学者として国際的にいささか知られてきたことで、「池上は江戸から『アバター』、それも自閉症の研究にテーマを変えた」というのが、一般的な反応だった。

私は、江戸の緩い「ヨコ」の繋がり、「パブリック圏」をひらひら舞う蝶々こそが、現代における「アバター」の近似系だととらえていた。江戸の社会では面白いことに、現実世界に仮想世界のような〝仙境〟を、趣味世界のネットワークのなかで作り上げていた。江戸のひとたちは、ひとりで10個もの名前をもち、使い分けていたひとも珍しくなかった。

誰もが趣味の世界で、いわば「バーチャルキャラクター」を使いながら、自由を得ていたのだ。そんな世界を読み解いたのが、『美と礼節の絆』で展開した私の江戸の歴史社会学であったから、私のなかでは江戸と現代はまっすぐ繋がっていったのだ。

ニューヨークと江戸が繋がった

場面はニューヨーク、田中さんとの出会いの時間に戻る。

おそらく私のことを、ネットワーク理論を使って江戸文化を研究する歴史社会学者として認知しておられるだろう田中さんに、私は、いささかの躊躇(ためら)いを抱きつつも、私の「アバター」を使った「自閉スペクトラム症」の人びとのインターネット上の交際文化について、それから、今、何が江戸時代の「アバター」に近いのかについて話し始めた。

すると、詳しい説明をする前から田中さんは間髪を容(い)れず、「いつも同じことを研究しておられるのですね」、と元気な言葉が返ってきた。私は田中さんの慧眼(けいがん)と瞬発力に驚いた。一見まったく違う分野の仕事ではあるが、田中さんと私が見ている世界は、たしかに同じであることを確信したのだった。何が江戸時代の「アバター」に近いか、それはインターネットの世界だと説明する前から、同じことをやっている、と言い当ててくださった。

この瞬間のことは、私の印象に強く残っている。一緒に仕事ができたらとても嬉しい、と申し上げた折、その翌年の冬、東京でそれはかなった。教育のフォーラム「朝日教育会議」(大学と朝日新聞社が協力し、さまざまな社会的課題について考える連続フォーラム)で、「江戸から未来へ　アバター for ダイバーシティ」と題し、2018年12月に、法政大学においてディスカッションの機会を得たのだった。法政大学で催された「朝日教育会議」では私たちのほか、落語家・柳家花緑さんもパネルディスカッションに登壇した。私は、ひとりの演者がいくつものキャラクターを演じきる落語は、驚くべき「アバター芸」だと思っていたので嬉しかった。実は私からも花緑さんに参加していただければ、とお願いしていたのだ。まして彼は「識字障害」という発達障害を抱えながら、江戸文化の継承を担う第一線を駆け抜けているひとなのだ。

ひとの個性を individuality つまり「分けられないもの」と考える西洋的な個人主義は、その分けられない究極の自己を追求しようという衝動に人を駆り立てる。でもそれは玉ねぎの皮をむくようなもの。「『本当の自分』探し」を他人にも自分にも強いるものであり、他者にひとつのレッテルを貼りやすく、どうしたって不寛容になっていく。「アバター」

的分身主義は、何も日本固有のものではない。むしろ普遍的な、ひとの脳の構造と働きから生まれてくるものだ。優しいお母さんであっても、一見さえないおじさんであっても、それは、その場その場のひとや言葉、環境などに触発されて出る「分身」であり、そのほかにもさまざまな自分があり、その歴史があるはずだ。個人とは、「複数の『アバター』のネットワークの集合体」といえる。「玉ねぎ主義」より「『アバター』主義」。複数のアイデンティティがあることを前提とする「アバター」的分身主義は、誰しもを、すこし軽い自由な気持ちにさせるのではないか。

インドや中国、日本などには、「曼荼羅（まんだら）」というものがある。曼荼羅はふつう究極の仏なり神なりが、仮の姿で地上に降り立ってくるさまざまな形の「権現」や「分身仏」をいくつも描いている。究極の存在は本来「かたち」があるものではない。しかしそのさまざまな仮の姿の分身仏や神たちが、「権現」つまり「地上に仮に現れた」姿として、より地上的な存在として人間を救ってくれたのである。この「分身」をサンスクリット語で「アバター」という。ヒンズー教でよく使われるが、米国の美術館などでは日本の「曼荼羅」展示の解説にも分身仏を指してアバターと呼ぶ。この「アバター」＝「分身」主義的な自己観、曼陀羅的な自己像……それは西洋的な個人主義的な考えとはおよそ異なっている。

デジタル時代における「代理の自己」を「アバター」と呼ぶようにしたのは、ある意味で「深い翻訳だなあ」とつくづく感嘆してしまうのだ。

先ほど「自閉スペクトラム症」の例を挙げたが、彼らにしても、医師やセラピストの部屋にいるときは、「症状」を語ることが中心になるわけだが、そうは言ってもいつも診断名から範疇（はんちゅう）化されたアイデンティティだけで生きているわけではない。私は「自閉スペクトラム症」のひとたちと接していくなかで、多数派でないというだけで、彼らの知性のありかたを医療の次元のみで考えることを「もったいない」と感じるようになった。いかに人間の知性、インテリジェンスというもののかたちが多様であるか。それが多数派ではなくとも、それぞれに個性的で豊かな世界を抱える彼らの「ニューロ・ダイバーシティ（神経構造の多様性）」である。神経構造の多様性とは脳のダイバーシティであり、創造性やイノベーションの土壌でもある。自閉症を含め、「普通」とは異なる才能に恵まれ、脳の働きが異なるひとたちのことを十把一からげに包摂し、「障害・非障害」という二分法を用いるのに抵抗を覚えた私は、彼らを「非定型インテリジェンス」と名付けた。第一章で私がインタビューする柳家花緑師匠は、まさにこの権化といってよい。彼自身にそれを指摘してみると、「じゃあ、僕はニューロ・ダイバーシティ落語家ですね！」と喜んでくださった。文字を読むことはたしかに難儀かもしれなくとも、あれほどの話術を操る花緑師匠の姿を見るにつけ、「言語能力」というもののいろいろな次元を一緒くたに考える行為への躊躇を覚えるのである。発達障害をマイナスと決めつけるのではなく、まずインテリジェンスのひとつの形として、ありのままにとらえる——そこから出発していきたいものだと思う。

〝アバター〟の世界で出会う新しい自分

さて、江戸の分身「アバター」や「パブリック圏」について語っていくうえで、私がとても好きなエピソードがある。

時は江戸後期。渡辺崋山という人物が、江戸からもそれほど遠くない相模の国、厚木あたりを旅したときの話である。崋山は実に多彩な才能をもつひとだった。画家であり、思想家であり、蘭学に明るく、三河国田原藩のひとかどの藩士。もちろん俳諧もひねる。彼はある日、俳諧の師匠の紹介状を持って、宿を求めて旅をしていた。ちなみにその当時、江戸近郊の農村では旅の俳諧師だけではなく、さまざまな遊芸の師匠たちが、村々を回って豪農の家に長逗留するのは珍しくなかった。だいたい当時の、旅の絵描きといえば、あちこちに頭を下げ、「ちょっと描かせて」と申し出て、お金を儲ける者たちだった。崋山も、宿のひとからは「そのたぐいのひとだ」と思われ、まともに扱ってもらえないこともあった。それで崋山は、時には「侍のアバター」を被り、我はものもらいの絵描きにあらず、と啖呵を切る。そして読書人や和歌・俳諧・漢詩などを好むひと、それに話し好きとか、「我と等しき者」がこの地にいれば、一緒に一夜の友にしたい、と申し出る。

すると今度は、それこそ落語の噺に登場しそうな里人たちが集まりだし、「やれ、みんなで歌え踊れ」という宴が始まった。みな、ちょっとした芸をもっているところが崋山の言う「我と等しき者」。身分なんか関係ない。それぞれが俳諧も詠み、また次の宿に行く。崋山がそこで驚くのは、彼らのなかに殿様の悪口を言い出す者が少なからずいたことだった。彦八という不敵な面構えの顔役など、「殿様をとりかえたらんこそよかるべし」と直言する。さすがに「お殿様が一番偉い」とする秩序のなかで生きているお侍さんの崋山にとっては、驚愕だったのである。

ここ相模の国あたりは、旗本や大名の領地、またその飛び地が多かった。村のなかでも「このあたりは○○家の領地で、こちらは○○家」といったふうに、それぞれの秩序が乱立していることもあった。結果、領民はそれぞれの領主や代官のやり方の比較がしやすい。

だが川や街道の通運の利で商業でも栄えていた厚木は、締め付けが厳しい小大名の領地だった。そこで唐沢蘭斎（らんさい）という医者で地元文化人は、殿様を代えるために、どうやったらスマートにそれができるか、というところまで話し始めた。応診の際に、このあたりは税収が多いことを有力な旗本にでも吹き込もうか。宴では自由奔放な発言がいっぱい飛び出し、しまいには、「厚木をなにかと緩い天領か旗本の知行地になるようにならないか」なんて飲みながら話していたという。崋山はたいそう驚き、「そういう考え方もあるのか」と心を動かされたというエピソードだ。（「游相日記」『渡辺崋山集　第1巻』日本図書センター）

このように、さまざまな「パブリック圏」の場に自らを交差すればするほど、自分の固定概念を解き放ち、ひいては自分のなかの「アバター」をも増やし、育てていくことにも繫がる。自分のなかの分身は成長するものなのだ。そんな異なる「アバター」になって世間を覗いてみれば、また新たな、自由な発想が次々と生まれてくるだろう。

私自身も人生で何度か、崋山の厚木の宿のような経験をした。違う種類のひとと会うことで、自分のなかの視野が、雨上がりの景色のように開けてきた経験だ。

人生を変えてみたくて、私は仕事を辞め、フルブライト奨学金の試験を受け、ハーバード大学の大学院に飛び込んだ。ところが、当時の私は英語をまったく操れなかった。何しろ、日本国内での奨学金試験の面接で、何かを質問されてもその場で対応することが難しかったので、「その質問にお答えする前に（Before answering your question……）というフレーズを言い放ち、事前に暗記しておいた志望動機を英語でまくし立て、試験をパスしてしまったのだ。パスしたは良いけれど、行ってからが大変だった。話せない。聞き取れない。文章を読むスピードも遅い。情報過多な日本での暮らしとは百八十度異なる「お客さん」の日々が2年間ほどは続いた。

でも、一方でこれまで、いかにいろんなモノ、情報に躍らされ、自分のなかにもっているモノを見つめてこなかったかを思い知ることになった。それをどうやって出してやろうか。すると、日本の視点から西洋の社会学理論を見ると、それがどう違って見えるのか、ということに、だんだん興味が湧いてきた。書をゆっくり深く読み、自己に沈潜すると同時に、異文化のなかで否応なく自分の「認知ネットワーク」を他者と交差させられた。その二重の意味で、異世界に入り込むことができた稀有の時間を過ごしたのだ。つらいこともあったが、自分の「分身」がどんどん育ち、同時に視野が大きく開けてきた。慣れた道ばかり歩いていると気づけないことが多い。そこは、私にとっての「厚木」だったのかもしれない。

仮想の「鏡の国」——今、そして未来

このところ、私にとってのありがたい刮目（かつもく）の場はインターネット上の「仮想世界」だ。私はまるで「鏡の国」に迷い込んだ不器用な「アリス」のようだ。『不思議の国のアリス』や『鏡の国のアリス』の著者のルイス・キャロルは今の診断基準を当てはめると高機能自閉症だったと言われている。アリスの世界は、鏡の向こうの自閉的世界観と、そこを訪れる少女アリスの定型世界の対比との交流から成り立っていると読める。私はできるだけ自閉症当事者が緊張せずに自然でいられる環境、たとえばアバターの世界のような「鏡の向こう」のなかで交流を試みた。そのためには、私自身にとっては少々不自然に感じる場合も多い。定型、非定型のあいだは、「何を当たり前と考えるか」という前提が異なることがままある。ルイス・キャロルは、鏡の向こうの現実と似ているのに、いちいち常識がひっくり返されるような、不思議な世界で翻弄される少女アリスを描いた。研究者としての私は、現代の仮想世界という鏡の世界で、「非定型インテリジェンス」をもつ方がたと交流し、自分のこれまでの世界観を何度もゆすぶられた。そこはまたひとつの「厚木」だったのだ。

VR（Virtual Reality＝仮想現実）やAR（Augmented Reality＝拡張現実）と呼ばれるような仮想技術が、ひとつのターニングポイントを迎えつつある今、こうした世界を「オタクだけのもの」ととらえる概念は完全に過去のものになった。デジタル世界において、近い未来に仮想世界を含む巨大なプラットフォームが人びとの生活とコミュニケーションの基盤を形作るようになる、と考える人びとがいる。それを「ミラーワールド」（鏡の世界）と呼ぼうと唱えたのは、米国イェール大学のコンピューターサイエンス研究者、デイヴィッド・ガランター氏だ。はじめに提唱されたのは1990年代だが、VRなどの技術の複合的な進化により、やっと現実味を帯びてきた。プラットフォームとは、その名の通り、「土台」のこと。インターネットが「情報のデジタル化」を担い、SNSが「ひととひとの繋がりのデジタル化」を担ったように、第3のデジタルプラットフォームのビジョンとして注目されているのが、この「ミラーワールド」だ。鏡の世界でデジタル化する対象は、道路や建物、家電などにとどまらず物理的・現実的な、この世界すべてに向けられている。こうしたモノのバーチャル情報化は現実に増え続けているが、それが臨界点に達して、現実世界とほぼ「パラレル」の世界が、デジタル世界に誕生するのも夢ではない。

なんだか遠い未来にたどり着いてしまったような気持ちになるが、こうした鏡の世界が、すべてを包含する巨大プラットフォーム、つまりたったひとつの「ユニバース」に集約されるとは限らない。それは個人の自由やプライバシーの点から問題との指摘もある。現実にはむしろ一部の宇宙物理学者が描くような、たくさんの小宇宙がある「マルチ・バース」(多元的宇宙)に近い形になるのではないか。

さらにいえば、たとえモノのデジタル化が進み、すべてのモノがデジタルツインをもちバーチャルに検索可能になったとしても、それに対応するひとはどうだろうか。この地球上に無数に設置されたカメラが、モノや場所や人びとをデータ化しているとは言っても、ヒトの「心のなかに潜在するすべてのアバター」を、プロファイル化することは不可能だ。しかもひとりのヒトのなかでもアバターたちとその配合は時々刻々変化する。また人びとが「心の隠れ家」をもてない世界を好むとも思えない。個人のなかに複数存在する「どのアバター」が「どのように」、「どの鏡の世界」に対応するか、そんなことが問われる時代になるかもしれない。実は、この「パラレル」の概念は、趣味や落語の世界でいくつもの顔を使い分けていた江戸には、すでに存在していた。

江戸の人びとはこの「マルチ・バース」そのままの世界に生きていた、と言ってもいいかもしれない。大多数のひとは、幕藩体制の秩序の下で自分と世間の公式的関係は「それはそれとして」ひとつの秩序体系として認めながらも、趣味などの別の小宇宙でいくつもの顔を使い分けていた。寄席の木戸口をくぐれば気軽に別世界に入れたように、さまざまな隠れ家的場所の存在が、人びとの生活に陰影を与え、複雑な豊かさをつくり出していた。私が最近研究している、現実とは異なる不思議の形のデジタルの「アバター」たちの集う、既存の現代の仮想世界も、「マルチ・バース」のひとつである。

江戸の社会と現代の仮想世界は、たしかに意外に相似形だ。ただ、それを指摘することだけが本書の目的ではない。むしろこの二つの鏡の世界を覗き窓にして、「私と世界」の関連性を、より普遍的な視点から考え直してみよう、というのが趣旨である。そのための具体的な覗き窓が「江戸」であり「仮想世界」なのだ。固定されたひとつの視点から立体の裏側は見えない。裏面を知っていると感じるとしたら、知識と過去の経験の産物。「私と世界」の関係を、フレッシュに見直すには、ユニークな複眼の視点があったほうがいい。

さあ、江戸と現代の「アバター」の「鏡」の世界を、ラディカルに自分に向けて照射してみよう。そこで見えてくるものは、自分でも見えなかった新しい自己像かもしれない。

この本は、江戸期から現代を生きてきた日本人の「共同体」と「個」の在り様を見つめ、その多様性を知ることで、現代の生きづらさを打破していくことを目的としたプロジェクトである。役割に固執し、近代の自己同一性の呪縛の極みに置かれている日本人が、本来もっていた、しなやかな生き方を取り戻していくための一助になることができればと思っている。

第一章

落語は「アバター芸」だ！

柳家花緑さんとの対話

池上英子

落語というアバター芸から見える世界

落語という芸能は、ひとりで何人もの役を演じ分ける世界でも珍しい芸能だ。いや、それが連綿と伝統芸能として続き、いまもライブのエンターテインメントであるというわけだから、ほとんど「唯一無二」といっていい。

たとえば、「青菜」。緑が濃さを増した夏の夕方近く、お店の主人と植木屋の、縁先での語らいが始まる。上品で細やかな旦那は、心洗われるような酒と鯉の洗いを縁側で振る舞う。山手の良家と思しき、言葉遊びに長けた旦那と、下町の長屋に住む植木屋のチャキチャキとした立ち振る舞い。その生活感、庶民的な言葉のビビッドな感覚を、滑稽味を交えて噺家はただ声だけで演じ分けていく。良家の縁側の空気感や、暑い日の喉にひんやりと染みる酒の心地良さまでも、バーチャルに感じさせるのだ。

一方、同じく夏の風物詩として欠かせない噺として「船徳」が挙げられるが、こちらも、実に秀逸な構成が施されている。女にモテそうだというだけで、船頭になろうとする大商家の若旦那。親からも勘当され、それを心配する船宿の親方、船頭たちや客たち。水運につれて発達を続ける江戸の川べりの賑わいと、愚かだけれど愛されるキャラクターをもった若旦那、そしてその取り巻きの描写を、見事に活写していくのである。多くの人数がこれでもかと登場する噺だが、落語家は、扇子を船の櫓に見立てて、川がさまざまな人を繋ぐ江戸の生活を描き出すのだ。

俳優がひとつの役になりきって個を演じる近代舞台芸術にあって、落語はそれとはおよそ異なる地平線上にある。複数のパーソナリティをスイッチしながら、ナレーション部分まで演じ切る落語は、まさに「アバター芸」ではないか。かねてから私はそう思っていた。

しかも、そのなかの「古典」と言われる「噺」は、もともと江戸庶民の生活感をくすぐるなかから生まれた。もちろん口伝で伝承され、その時代時代の客の笑いに鍛えられてきた「噺」は、それぞれの噺家の時代ごとの演出が大いに加えられている。とはいえ、江戸の社会で原型が作られた「落とし噺」を、21世紀の観客が寄席で大笑いする図は、きわめて面白い現象といえるだろう。まさに「江戸のタイムカプセル」が、各地の寄席――鈴本演芸場で、新宿末廣亭で、天満天神繁昌亭で、春夏秋冬を通じパカパカと開けられているのだ。

高座に上がって、その動きすらあまり大きくもないのに、見たこともないバーチャルな世界へと観客を誘ってしまう。こんな芸能を生み、それが綿々と続く日本とは、何と摩訶不思議な社会であることか、と思ってしまうのだ。

柳家花緑さんプロフィール

やなぎや・かろく　落語家　1971年生まれ。87年、中学卒業後、祖父・五代目柳家小さんに入門。戦後最年少の22歳で真打昇進。スピード感あふれる歯切れのよい語り口が人気で、古典落語はもとより劇作家などによる新作落語にも意欲的に取り組む。

江戸の世界へと導く「タイムマシン」――、噺家に直接お会いすることが叶ったのは、2018年冬のことだ。

東京で開かれたフォーラム「朝日教育会議」で、私は落語家の柳家花緑さんに初めてお会いした。「江戸のダイバーシティ」をテーマとしたパネルディスカッションが始まる直前の短い時間に、私は、「落語って『アバター』そのものですよね」という話を、花緑さんにちょっとだけお話しした。そのちょっとした会話を、さっそく引き取って、花緑さんは登壇時、ご自分の話の「枕」に振られていた。「僕はニューロ・ダイバーシティ落語家です！」。高座ではなく、パネルディスカッションという場においても、彼はまるで言葉の奔流のような話芸を披露し、あっという間に大会場の聴衆を巻き込んでしまった。そこで見せつけられた、圧倒的な「発話する言葉」としての言語能力、高速回転のインテリジェンスには、大きな感銘を覚えたものだ。ところがその花緑さんは、生まれつき文字の認識に弱さがある発達障害「ディスレクシア」（読み書き障害、識字障害、難読障害とも）だったということをカミングアウトされているのだ。

ひらがな、カタカナは、何とかなったのだが、どんなに頑張っても漢字をたくさんは覚えられなかった、という。花緑さんは学校の勉強がうまくいかず、漢字がうまく読めないのは、ずっと「頑張りが足りなかったからだ」と思い悩んでいたという。

2013年、あるテレビ番組が放映された。そこでは、1や2ばかり並んだ子どものころの花緑さんの通信簿が映し出され、「学校の成績なんて悪くても、こうして落語の真打になって弟子からも尊敬されているよ」という励ましのメッセージを込めた内容になっていた。ところが、この番組を見た視聴者から、「花緑さんはディスレクシアでは」という問いかけが事務所に寄せられたという。花緑さんは、自分の過去を医師に打ち明け診てもらったところ、やはりその診断が下された。生まれつきの脳の特性だったのだ、だから文字に弱かったのだ。ようやく腑に落ちたというわけだ。そして、落ち着きがない、と窘められ続けてきたのも、ADHD（注意欠陥・多動性障害）だったのでは、とも思い至るようになったという。花緑さんの著書には、こんな述懐がある。

私は勉強の出来ない子供でした。小学1年生の頃は、鈴木くんという優しい男の子と友達になり、彼の家でよく宿題をやっていた記憶があります。ですが彼が半年くらいで転校してしまったんですね。そしたら宿題へのモチベーションもすっかり下がり、それ以来宿題というものをやった覚えがありません。だからといって宿題しなかったことを鈴木くんのせいにしているわけではありません（笑）。

そして2学期になると段々授業について行けなくなり、テストで0点を取るようになりました。2年生になった頃にはすっかり落ちこぼれて、2年生の時の担任の先生にはよく怒られておりました。勉強出来ないことに加え、忘れ物も多く、母の希望で私の髪の後ろ毛がちょっと長目だったのをその先生に注意されました。（中略）1学期の（通信簿の）所見に先生が書いてます。「気が散って学習に身が入りません。調子にのるととどまるところを知りません〜」。

（柳家花緑『花緑の幸せ入門「笑う門には福来たる」のか？』竹書房新書より抜粋）

大多数のひとと認知のやり方の特性が異なるひとは、社会での適応に困難を抱えており、発達「障害」というラベルを貼られて、語られている。けれども、口伝こそが第一の落語の世界では、漢字が十分に読めなくても、それが何だと言うのだ、ということになる。おそらく、庶民出身の江戸の「噺」の名人たちも、そんなに漢字は読めなかったかもしれない。庶民は、漢字を読めなくとも、かなは読めるというひとが多かった。そして、9歳の初高座から聞き覚えの世界で生き、ひらがなで書き写して、落語を覚えた経験をもつ花緑さんにとって、まさに親和性のある世界である。話し言葉の能力が極端に発達している花緑さんは、きっと江戸の町でも人気者になるに違いない。花緑さんは、本当は、発達「障害」というよりも、落語の神様に愛された「非定型インテリジェンス」の申し子なのだ。

ついでにいえば、江戸の町に住む人びとは、今よりもずっと五感をバランスよく使っていたはずである。現代人は、情報はまずウェブで検索して読み込み、自分もメールやメッセージをスマホで打ちつづけるなど、文字情報に偏った生活を送っている。つまり文字の帝国が、人間の言論活動の支配者みたいになっているようだ。江戸の庶民はといえば、誰もが読み書き知識の集大成を試される「入試」で選別されるようなことはなく、高度な読み書きが求められる時代でもなかった。また本も貴重だった。古典は声に出して読み、身体に染み込ませるものだったし、楽しみのための本は、ひとりで読むというよりも音読して他者と楽しみを共有することが多かったようだ。

江戸の通りには、時に婬（いん）なる三味線の音が響き、カンツォーネのようなよく通る物売りの声が通り過ぎていく。そこでは、人びとは音の感覚は今よりもずっと研ぎ澄まされていたはずだ。こうした町で、ひとの音声は、肉体に媒介された言語の表現として、今よりずっと情報と感情の伝達の手段としても重要な媒体だった。この時代、無数の噺本（はなしぼん）などと呼ばれる笑話集が刊行されたが、それもむしろ口で話し耳に聞くものを元として、それを文字化した副産物という側面が強い。江戸の人びとは、ひとの音声を通じて過去の知識の集積を受け継いできたのだ。読むのが苦手だった花緑さんは、期せずして江戸の人びとの多数がやっていたのと似た形で、落語を学んだのかもしれない。

というわけで、花緑さんだからこそのアバターを語り尽くす落語を演じる心理と、落語の描く江戸の心情をもう少し深く伺ってみたいと思った。２０１９年初夏、花緑さんの自宅にほど近い東京・鬼子母神で、約3時間にわたり、お話をしてくださった。

柳家花緑さんとの対話

噺家は「劇団ひとり」

池上　そういえば花緑さん、「朝日教育会議」のシンポジウムの直前に「落語はアバターだ」という話を私がしたら、「ああ、自分も高座でいろんな役割を演じて、発散したりストレスを解消して、心身のバランスを保っているのかな、と思った」とおっしゃっていましたよね。

花緑　池上先生に「落語って『アバター』では？」って言ってくださったとき、とても救われたんです。今までは、そういうレッテルを貼っていなかったけど、たしかにそうです。これは新しい発見でした。あの日、池上先生の講演を聴き、発達障害の人びとのなかには、そんなふうに仮想世界でアバターになって自分を確立しているひとたちが実際いらっしゃるんだということにも、僕は驚いたんです。

池上　花緑さんは、いろんなお弟子さんがいらっしゃるけれど、高座に上がったらひとり

高座でスピード感あふれる噺を披露する柳家花緑師匠。

で、すべて演出も考えてやっていらっしゃる。大変に孤独なのかな、と想像するのですが。

花緑　そうですね。孤独かもしれない。

池上　「全部、ひとりでいろんな人びとをやる」。実に不思議な芸能が日本にはある。

花緑　何かに重ね合わせてみれば、「ひとり演劇」という言い方ができると思うんです。「劇団ひとり」って芸人がいますけど（笑）、実質的な意味での「劇団ひとり」。自分で演出家をやる。最初は師匠がいて、「この噺をやりたい」というときには、その先輩に習いに行くんです。そこで道筋をつけてもらえる。でも、「真打になる」ということは、自分で演出まですべてできるようにならなければいけないんです。

池上　ああ、そういうことなのですね。「真打」というのは。

花緑　それができて初めて真打。話の構成から演出まで全部考え、台詞を覚え、役者もこなす。主人公は誰々。A、B、C。それを全部自分がやる。自己完結芸です。稽古中もひとりですから、大変孤独ですね。初演のときにはどうしても多くの時間が必要になるので、事務所に「3日間、家で缶詰めになりたいから、他の仕事を取ってこないように」と告げます。どうやって集中するか、自分を追い込んでいくか。本番さながらに緊張感をもっていないと、流されてしまう。流されてしまうと、結果がすべて本番に出

画面の自分のアバターとともに仮想世界を探求する著者・池上英子　ニューヨークの自宅で。
撮影・Luis Tsukayama

る。そんな最悪の事態に陥ってしまうんです。

噺家はマリオネット

——自分で全部をこなす落語は、文字通り世界で唯一無二の芸能だ。そこに私は「アバター」との共通項を感じ取ってきた。高座という閉ざされた世界で、いくつもの「顔」を操り、観客を異空間へと連れていく。いったい、噺家はどんな精神構造をしているのか。

池上　私は、生きとし生ける誰しもが、幾つかの分身としての「アバター」をもって使い分けていると思うんですね。ふつうはその「アバター」が出てくるのと違う場面、たとえばお父さんの顔、サラリーマンの顔というように、そこに別の自分が出てくるというのは、外の環境から刺激を受け、それでスッと違うアバターになっていっています。演劇の場合、俳優だったら、ひとつのなかに入り込んでしまって、一度入り込んだらしばらくは抜けられなくなるひともいる。ところが、落語の場合には、粗忽者（そこつもの）も、賢いオカミさんも、ひとりで演じなければなりませんよね。どんどん「アバター」を切り替えていく。それも、演劇のように共演者がいたり、台詞が投げかけられるという外からの働きかけ（触媒）もありません。そうした刺激を受けて、異なる自分が出てくるのではなく、高座というひとつの場所で、たったひとりで何のセッティングもないなかでやる。いったい、どうやって場面を描き出すのですか。

花緑　僕は、演劇やお芝居をやった経験もあるので、その違いがわかるんですけれども、落語をたとえるならば「マリオネット」です。操り人形をするとき、「これは粗忽者」「これは女将（おかみ）さん」、そして人形を操る自分がいますよね。文楽人形みたいなものに思ってもらえればいいかな、常に「自分度」が高いんです。こっちは操っているけど、入り込み過ぎていかない。そこを瞬時に切り替えられる技が秘訣（ひけつ）ですね。入り込み過ぎてしまうと、パッと演じ分けが利かない。覚えるときは、歌詞を覚えるように、全部ひと繋がりで暗記してしまうんです。

池上　まず暗記するんですか。

花緑　「ここの場面の感情はこうだ」とか「ここの感情は難しそうだから飛ばして」とかではなく、お経を覚えるように、バアーッと言葉が出てくるように覚えていくんです。感情表現なしに、最初から最後まで喋（しゃべ）り切る。われわれの作業は記憶すること。記憶との闘い。人間国宝になった柳家小三治師匠であっても、入りたての前座の子であっても、それは同じです。「忘れそう。大丈夫かな。今日は出てくるかな」。ドキドキしながら高座に上がっているんです。「アバター」という自分じゃないモノになる以前に、記憶との闘い。思考はグルグル回っています。

池上 演じる前提として「完全に記憶している」ことが大事なのですね。

花緑 池上先生、何をもって「なり切る」という確認をするんでしょうか。「あ、いま、俺、違うものになれている」というのは。

池上 私が出会った仮想世界の「アバター」を使うひとでも、その場でその「アバター」に「なり切る」ひとと「なり切らない」ひとがいるんです。「アバター」の異形を前に出し、それによって実際の自分と距離を取って気持ちの上で楽をしているひともいます。でも「アバター」を使って交際をしていると、その分身がその交際空間のなかで育っていくことがよくあります。たとえば、世話好きのおばさん風の「アバター」を使っているひとが、なんとなく皆に頼られて、すっかりその世界で親切なひとで通っているんですが、実際に会ってみたら、そんなに人付き合いがよくないヨーロッパの某国に住む男性でした。でもこの女性の「アバター」を使うことで、前よりよい人間になったかも、と言っていました。こんなふうに結構おもしろい現象があります。でも、「なり切る」って、どういうことなんでしょうか。心底「なり切らなくても」分身を使っているうちに、他者との交流のなかで自分のなかの違う部分が成長することはあります。ここで、なり切るひとが本物で、気持ちでなりきらないひとが「アバター」として偽物だ、ということでは全然ないんですね。

ただ、「アバター」は目で見える形の触媒としてのモノがありますからね。それが、落語にはないわけじゃないですか。せいぜい、切り替えをつけるかもしれないけれど。だから、大変な芸だな、と思うんです。その「落語のアバター」をひねり出す「装置」は何でしょう。

「台詞」がひねり出しお客が育てる落語のアバター

花緑　台詞ですよね。「与太郎」の台詞を言うときに、形はないけれども、ひとつの別人格になっている。自分の認識だけでなく、聴いているお客さんがそう思ってくれるということですよね。酔っ払いの演技があれば、「ああ、このひと酔っている」ってお客さんが思ってくれれば、そのシーンで笑いが起こる。それでますます自分も酔っ払いになり切るわけですよね。僕はお酒、実は飲まないんですけど。

池上　まったく飲まないんですか？

花緑　飲まないんです。「よくあんなに酔っ払いの気持ちがわかるね」と言われることがあります。僕は、わかったひとがつくった台詞を言っているだけ。でも、共通認識だから、その台詞をもって、その状況、設定、物語の流れ、台詞の掛け合いによってリアリティを感じてくれる。僕のなかにその真実がなくても、その台詞を借りることによって……。

池上　アバターがスーッと出てくるわけですね。それも客席との相互作用で輝きだす。どんどんアバターが育っていく。

花緑　お客さんに褒められて初めて台詞の真意を確認するわけです。「あ、本当にこれはリアルな台詞なんだ、聴いたひとが褒めてくれたから」。「親子酒」という古典落語がありますよ。滑稽噺で、祖父の柳家小さんが得意にしていたもので、僕は4、5年前から始めたんですけど。

池上　親子で大変な大酒呑みが何とか禁酒しようとして失敗する噺ですよね。

花緑　そうです。おとっつあんと、せがれが酔っ払い。親子で禁酒の約束をしたんですけど、うまくいかずに最後は酩酊。噺はどこにもたどり着かないんですけど、その状況、滑稽な部分だけを演じるんです。

池上　酩酊に至るプロセスが可笑（おか）しいんですよね。

花緑　完結はしません。言葉としてオチがついて終わり。演者自身は下戸なのに、おかげさまでこれが殊更（ことさら）、評判が良いんです（笑）。古典落語ですから、いろんな噺家がやる。戯曲として素晴らしいと思うのは、共感度ですね。旦那の立場に立つお客さん。「ああ、あれ、俺と同じだよ」「友人にそっくりだよ」。奥さんの側だと「うちの旦那とそっくりだ」「私も同じ苦労をしているわ」。お客さんの共感度の高い噺なので「親子酒」はやりやすい。心理学的にはわからないですけれども、少なくとも自分の気持ちは演じることで満たされた気持ちになっています。

池上　充足感を得られるんですね。終わってからスッキリした感じ。

花緑　噺のうえで、いくらでも僕は酒が飲めるんです（笑）。

落語は「江戸のジュラシック・パーク」

――「江戸時代は武士、町人、職人、漁師、農民と典型別になっていたように学校の歴史では教えられるが、落語では、町人という典型がたって歩いてくるのではなく、ひ、と、り、の、町人が立って歩いてくる」。評論家・鶴見俊輔（1922〜2015年）の言葉だ（『落語百選　春』麻生芳伸編　ちくま文庫「解説」）。名言だと思う。鶴見俊輔というひとは、カビ臭い古い言いまわしだけれど、戦後まさに一世を風靡（ふうび）した評論家。戦争直前の時期にハーバード大学に入学し、交換船で帰国して戦後の論壇でペンを振るった。

しかしその落語観は年季が入っている。外国人の日本研究者などとも交流が深く、R・P・ドーアというイギリス人の日本文化研究者が、東京の下町で寄席に通い詰め『都市の日本人』を著した、ということ、また、明治期のロシア人留学生セルゲイ・エリセエフは、三代目柳家小さんの寄席をたびたび聴きに行き、その「仕方噺（しかたばなし）」（身振り・手振りを交えた噺）の型で、寿司を食べた後に歯科医に歯を抜かれた苦痛、を鶴見に語ったことさえあるという。それらの日本語は、実に生き生きとした語り口だったと述懐している。

かつての日本研究者は、落語などによって日本の心を体内に入れ込もうとし、それが彼らの「教養」の深さともなっていた。これは、私自身への自戒を込めて言っているのだが、よりプロフェッショナル化した最近の日本研究者には、そこまで求められるひとが少なくなった。

それは日本を見つめる外国人研究者たちだけに限らない。落語は、教科書に書かれた紋切型の身分社会の典型的人物像ではなく、その時代に生きたひとの息づかいや体温、匂いを、じかに感じさせてくれる。ほかのどんな芸能にもない独特の感興があり、そこで醸し出される味わいは、不思議な人間の普遍性がある。たしかに、典型を描いているにもかかわらず、ひとりの町人が立って歩いてくるのだ。

池上　実は以前、上方落語の「らくだ」を歌舞伎バージョンで観たときに、どういうわけかまるっきり面白くなかったんです。なにしろ舞台装置が貧しい長屋で、しかも死体の出てくる話で綺麗(きれい)ではない。「なんだか暗い土色っぽいだけの話だな」って。ところが落語で観てみると、とっても可笑しい。

花緑　おそらく、お客さんに見える「景色」の問題ではないでしょうか。落語の場合、景色はお客さんの想像上にありますよね。噺家の言葉によってイメージのヒントはもらえても、正解はあてがわれない。

池上　落語の場合はそれがわかるけれど、歌舞伎で観て「どこで笑うのか」がピンとこなかった。

花緑　脚本の問題かもしれませんが、もし、落語家がその歌舞伎バージョンを観ると「ああ、あの台詞をこれに変えてしまったら、ウケないな」っていうのがありそうですね。芸人は、フレーズをとても大事にするので、代用した台詞の面白さが従前より上がっていないといけない。戸田奈津子さんの字幕に似ているかもしれません。日本語に通訳したとき一瞬で場面がイメージできる言葉です。噺家も、この一言でお客さんにわかるようにと、まどろっこしい説明よりひとつの言葉でポーンと言います。そして「間」によって笑わせる。

池上　「間」なんですね。

花緑　その「間」を、歌舞伎がコピーできていないと……。

池上　引きずっちゃっていたんです、実際に「死体」を……（笑）。

花緑　ああ（笑）、落語だと、あれは実際にはやらずに、仕草だけでやっているから。

池上　言葉は究極のバーチャルワールド。だからかえって滑稽味が出るんですよね。

――ちなみにこの「らくだ」という噺は、もともと上方落語の「駱駝の葬礼」という作品だった。「らくだの馬」と呼ばれる乱暴な男がある日、フグにあたって死んでしまう。仲間の半次が、くず屋の久六に、男の通夜のために酒と煮しめを大家に持ってこさせるよう脅す。大家が断ると、半次は大家の家へ出向き、「らくだの馬」に看々踊を踊らせる。大家が届けた酒を半次と久六が飲み始めるにつれ、酔いが回っていき、最初はおとなしかった久六が半次を叱りつけるようになり、立場が逆転していく。「らくだ」は明治中期、三代目柳家小さんが東京へ持ってきて、人気を博した。ちなみに落語は、京・大坂（上方）と江戸で始まり、それぞれで広まってきた。上方落語の特徴としては、はめものと呼ばれる三味線太鼓の演奏が入る点だ。江戸落語には、この「らくだ」のように、上方発祥のものを移してきた噺も多い。

花緑　落語では、実際にモノを動かすストロークが不要なんですね。映像に近いかもしれません。「1」のシーンがあったとき、「2」のシーンは飛んでいる可能性がある。

池上　視点が1カ所でなくともよいわけですよね。

花緑　映画で「らくだ」をやれば伝わる可能性もありますよね。秒単位でコマを切っていく。ここではこのひとをアップ、ここでは引き、そうしたほうが驚かせたり、泣けたり、笑えたり。

池上　なるほど。落語の演出が、歌舞伎より映画に近い、とは！

花緑　噺家はそれを自分だけでやっているんですね。

池上　私が歴史社会学者として江戸について話すときと、自閉症や発達障害のオーディエンスと会うとき、ちょっと「アバター」になっているんです。

花緑　先生も仮面を変えるのですか！

池上　私のなかでは（歴史社会学者として話すときと、自閉症や発達障害のひとたちと話すときの）両方が繋がっているんですよ。でもひとにより私から聞きたい話が違うわけで、その違うひとと対すると自然にちょっと違うアバターになるわけです。

面白いのは、江戸を遠眼鏡で見ようとするじゃないですか。何とかして江戸時代のひとの気持ちや生活を知りたい。でも、文献や絵画の資料は、いわば「冷凍した恐竜の骨」みたいなところがあるんです。それをどうやって解凍するか。その解凍が「解釈」というもの。でも落語は、ちょうど「解凍した恐竜」みたいなものであって、しかも生きているし、突然動き出す。

花緑　「ジュラシック・パーク」みたいなもんです（笑）。

池上　「ジュラシック・パーク」！　それは面白い表現（笑）。江戸時代から続く脚本であり、もちろんいろいろ足したり引いたりしているけれど、何と言っても話し言葉で伝わってきたものだから。そのつど解凍するのではなく、生きたままで、口伝で伝えている。だから、人間が浮き立ってくるのかな。典型は典型、たとえば与太郎は与太郎、若旦那は若旦那だけれども、ひとりの人間が立ち上がって歩いてくる。それが「3D（スリー）」なのかなと思うんです。明治時代の日本学の外国人学者たちは、三代目の柳家小さん師匠の「仕方噺」を見て、「落語から日本を学ぼう」というひとが結構いたんです。

花緑　三代目は夏目漱石さんや正岡子規さんが好きだった噺家ですよね。名人って言われた人ですね。

池上　漱石は、三代目小さんは天才だ、と言い切っていますね。落語の世界には、実に興味深い風景が広がっていますよね。私も歴史社会学者としてさまざまな資料を読み込むことが仕事なのですが、それだけだと「恐竜の骨」ばかりを眺めることになる（笑）。

花緑　ようこそ「ジュラシック・パーク」へ（笑）。うちの祖父（五代目柳家小さん）は、剣道と落語の共通点を見出していました。それは「間合い（まあ）」。剣を交えるとき、行き過ぎると打たれるし、引き過ぎるとやっぱり打ち込まれる。せめぎ合いがお客さんとの間にもある、と言っていました。押し過ぎるとお客さんは引くし、引き過ぎてもダメ。剣道の間

祖父の小さん師匠から剣道の手ほどきを受ける
中学生の花緑さん。

合いと似ている、と。

池上　それは「アバター」を出してくるとき、構えないで、スッと出してくるということにも通じる気がします。小さん師匠は、ひじょうに自然体に見える方でしたよね。その者になりきっている、というよりその者自体に見える。でも、次に切り替えなきゃならない。その、切り替えるときの間合いがお見事だった。剣道も、切り替えができなければ、強くなれないわけですもんね。

花緑　そうだと思います。その緊張感たるや。

池上　相手にどうこられても、受けて立たなければならない。

花緑　そうしないと斬られて人生が終わってしまいますからね。落語の場合、命は奪われませんけれども、芸として仕立てるということで言えば、「芸か、そうでないものになってしまうか」は、斬られるか斬るかと共通しているかもしれないです。

内と外のアバターネットワーク

――それにしても、落語を「ジュラシック・パーク」と花緑さんが称したとき、私は実に感銘を受けた。落語というジャンルのもつ特徴を、余すところなく伝えた言葉だと思ったからだ。

鶴見は、くだんの解説で、落語を「明治大正昭和を通しての集団制作である」と称している。私はさらにこう考えている。「さまざまな落語家が『アバター』として、落語というジャンルの形成に貢献している。つまり、ジャンルとしての落語自体も『アバター』の集合体で世界観を表す『曼荼羅』世界である」と。ちなみに、その分身仏一つひとつをサンスクリット語で「アバター」と言う。というか、この「アバター」が、もともとの言葉の使い方なのだ。

現代に至るまで、それぞれの噺家がひとりの「アバター」として、落語という世界を担ってきた。落語の世界では、同じ噺でも、時代を経るごとにその内容はどんどん変わっていく。語るひとが変われば、その数だけ変わる。

「アバター」とは、自分のなかに多種多彩に存在する「分身」を用いながら、いろいろな経験を重ねていくもので、その「分身」が成長を遂げていけば、こんどは「分身」をつかさどる本人自体にも好影響を及ぼしていく。これは落語も同様ではないだろうか。

アバターは自分のなかに存在する複数の分身であり、そのアバターがネットワークのように連なって、自分の個性を形作っている。

私たちに内在するアバターネットワークと、社会のネットワークの交差。

落語家の頭のなかはマリオネットづかいだとしても、落語家たちは、それぞれに個性的——そんな落語アバター曼陀羅(まんだら)——。落語家の頭のなかも、また落語というジャンルそのものもアバターのネットワークだ。

自在に名前を使い分ける「アバター」

池上 落語で描かれる江戸の世界って、たくさん出てくるひとに対する温かい目が印象的。懐(ふところ)の深さを感じます。支配体系としては江戸という世界はものすごいタテ割りだった。タテ割りの支配同士ではうまくコーディネーションができない代わりに、庶民は裏で繋がることができたんですね。監視の目もゆきとどかない。もちろん馬場文耕（1718～58年）のように、大聴衆を集めて一揆の話を講談に乗せる、というような目立った行動をすると、モグラ叩きのように叩かれる。彼は処刑されています。これは見せしめで、そんな例だけみるとすごい統制みたいだけど、実際の警察力とかはあまりない。裏の隠れ家での繋がりは、あまりに広がっていて規制できない。だから、支配や秩序の体系と、自由に見える実際の江戸とは、コインの表と裏みたいなところがあったと思うんです。

芸名など、ひとりで名前がいくつもあるのも、そうした隠れ家的交際文化の表れです。俳諧など趣味のものまで含めると、10ぐらい名前をもつひともいました。たとえば、江戸落語中興の祖と呼ばれることもある談洲楼焉馬（えんば）は実は大工の棟梁、和泉屋和助でしたが、狂歌の世界でもおかしな名前をもち、戯作者としては、立川（たてかわ）焉馬を名乗り、ほかに烏亭（うてい）焉馬という具合です。彼のころはまだ本業をもちながら、噺をやっていたのですね。

とにかく、たくさんの「アバター」をもつひとが多かった。タテ割り構造のもとにおいて、そこからうまい具合にヨコで繋がるために、そういったシステムが便利だったんだと思います。面白い世界だなあと思います。

花緑　僕も、本名と芸名とすでに使い分けています。花緑という芸名と、「小林九(きゅう)」という本名と。名付けたのは親ですが、ひじょうにユニークですよね。兄貴は「十市(じゅういち)」っていうんです。「十市」と「九」。落語では与太郎も粗忽者も、排除せずに皆が付き合っている。見方を変えると「イジッている」。現代的に言えば「いじめ」になるかもしれませんが、「いじめ」ではなく、落語の世界では洒落にして、笑い飛ばしているんです。

僕は最近発見したんですけど、自分が発達障害だとわかったとき、落語の「無筆(むひつ)」を思い出した。「字の読めない、書けない人っていうのが昔いましてね」って。「無筆」はいっぱい出てくるんですよ。

池上　そうですね。

花緑　(古典落語の)「平林(ひらばやし)」「三人無筆」「手紙無筆」など、字の読めない人の噺があります。現代で、枕で振りながら本題に入るとき、「昔は教育が届いていないから、字の読み書きができなかった」って言い方をしているんですけど、もしかしたら、そうではなくて発達障害で識字障害だから、教育は受けたけれど読み書きができなかった可能性があるのではないか。自分自身の例を考えるとね。現代の落語家がそれを理解できずに、「教育が行き届いていないから、字の読み書きができない」って言い方をしているけれど、そのわりには、その子一人が字が読めないだけで、全員読めないわけではないんですよね。読めないひとと読めるひとが混在している。ちょっと答えは出ていないですけれども。粗忽者というのも、そそっかしさは、もしかしたら、ＡＤＨＤ……。

池上　その可能性はありますよね。

異次元へいざなう「枕」

――かつて私の著書、『美と礼節の絆』のなかで展開した、「パブリック圏」という考え方は、それを、さまざまな個人がそこで触れ合い、いくつかのネットワークが交差するコミュニケーションの圏域である、と考えた。ひとは、さまざまな社会的（つまり自分の外側の）ネットワークと、認知的（自分の内側の）ネットワークの集合体、といえる。こうした交流の場が、文化の学習や創造が起こる場なのだ。そこは、ただ交差するだけではなく、既存のしがらみのような認知ネットワークから、一時的にでも離脱（ディカップル）する場所でもある。

既成概念というネットワークから離脱できるほど、新しい考えが頭に滲み透る。つまりネットワークの交差と離脱は、裏腹の関係にある。そんなネットワーク関係のギアをスイッチするところに、「パブリック圏」は生まれる。

　なにか新しい世界のことを学ぼうというとき、または落語のように、笑いの世界へと誘われたとき、ひとはさっきまでの心配や悩み事から、一瞬心を飛ばし、別次元へとワープする。

　そんな、「離脱」のための装置、たとえば、「寄席」という不思議な空間がある。いまでこそ数は減っているが、江戸時代、謹厳にして締まり屋の水野忠邦が劇場にたいする取り締まりを厳しくしようとしたとき、江戸の町にはなんと町奉行地だけで二百以上の「寄席」があったという。何と不思議な都市だろう。木戸をくぐれば、女浄瑠璃に心を躍らせたり、咄（はなし）を笑って楽しめるのである。

　そんな心の隠れ家「パブリック圏」に誘うために、もうひとつ落語特有の技法があった。聴衆を異世界へと運び込む、現実の認知構造を離脱させる装置として、「枕」という話術がある。落語のイントロのことだが、ネットワークをスイッチするトリガーとしての役割を担っていた。

池上　高座で噺家が最初に語り出す「枕」というものは、噺に繋がっていくことも、繋がらないこともあって、演じる方によってずいぶん違いますよね。それでいていつの間にか噺の世界に連れて行かれるじゃないですか。それってバーチャル、仮想世界ですよね。「アバター」のようなカタチもないし、何の舞台道具もないのに、その世界のなかに引き込まれていく。「枕」の働きって面白いなと思うんです。

花緑　先輩の柳家小三治師匠は「枕」が長いことで有名です。その「枕」がひじょうに面白いというので、それだけを抜粋した本も出たぐらい（笑）。

池上　『ま・く・ら』（講談社文庫）のことですか？　あれはニューヨークで遊んだときのはなしとか、「枕」の域を超えた「枕」的な小噺集。聴衆が思わずその世界に、強力に引き込まれるという点では、美しい「枕の精神」そのものの小噺集ですね。

花緑　それぐらい「枕」を大事にしていますね。落語一般の傾向としては、酔っ払いの噺の場合は、酔っ払いの「枕」で、話題を振る。粗忽者をやるときには、そそっかしいひとの小噺をいくつかやってから、本題に入ります。「枕」は現実から本題に入るブリッジですから。「いま、こんなひとがいますけど、落語の世界にはこういうひとがいて」って言って、ブリッジとして本題を聴きやすくするためのもの。最近の傾向としては、自分という者をお客さんに自己紹介する噺家もいて……。また「今日、こんな面白いことがあった」と言って笑いの場をつくる。笑う準備をしましょう、みたいな。本題を聴きやすくするための「枕」はあまり振らずとも、笑う準備の「枕」に時間をかけるひともいますね。

池上 花緑さんは、どちらのやり方が多いですか。

花緑 両方ですね。古典的な酔っ払いの作品のときには、自分は下戸だけど、という話。じっさいに長崎の或る町であったことなんですけど、「自分はお酒が飲めない」って「枕」で振って、「親子酒」か「試し酒」をやったんですね。終わった後、スタッフの方が「花緑さんにお土産を差し上げたい。先ほど、『お酒を飲めない』とのことでしたので、焼酎をどうぞ」って、焼酎をくれたんです(笑)。

池上 あははははは(笑)。

花緑 「酒が飲めない＝日本酒が飲めない」というこのズレがひじょうに落語的。

池上 ほんとですね。

花緑 じっさいに起こった話を「枕」として振って酒の噺に入る。あるいは自分自身のエッセイから酒の話題になって、噺に入るんです。ひと笑いがあって、そして本題に入る「枕」の話です。

池上 場を共通にして。感情的な引力が利いた場をつくるわけですね。

僕はニューロ・ダイバーシティ落語家

——もともとは、単に「はなし」、または「落とし噺」と言われていたものに「落語」という文字が使われるようになり、それがさらに「らくご」と読まれるようになったのは、明治も20年くらいの話である、と、国文学者の興津要さんが記している。ちなみにこのひとは、五代目小さんと飲み仲間でもあった早稲田大学教授。私は、花緑さんというひとは、その元来の「はなしか」という呼称とピッタリである気がしてならない。一度、高座に上がった途端、その話芸の見事さたるや。圧倒的なスピード感をもって縦横無尽に、爆発的な言語能力で笑いをかっさらっていく。それでいて、祖父の小さん師匠直伝の、端正で心に沁みるような古典落語を受け継ぐひと。「噺家」に生まれついたひととお見受けする。落語についての本を出版し、演劇から朗読まで広く活躍する。その、言葉を使う能力の卓越性と、高いインテリジェンスは明白である。ところが、その花緑さんが字を読むのに困難を覚える「ディスレクシア」（識字障害）という発達障害だなんて、にわかには信じがたかった。漢字が読めなくて、どうやってこんなにたくさんの落語を覚えたのか。そして、どうやって漱石を尾崎紅葉を朗読するのか。そう思ったファンも多かっただろう。

先述したが、私は花緑さんに初めてお会いする以前に、花緑さんの学習障害のトピックを特集したＮＨＫの番組をたまたまニューヨークで見た。その番組では、花緑さんが朗読を務める放送の直前に、その夏目漱石の本のなかで読めない漢字を、辞書を片手に必死になって準備をする光景を容赦なく映し出していた。そして、子ども時代の通信簿が映し出され、私は言葉を失ったのだ。美術や体育を除いて、ほとんど1や2ばかりが並んでいた。最近になるまで自身の障害に気づかなかったという花緑さん。いったい世界で類を見ないような、あの言葉の世界を、どう泳ぎ切ってきたのか。

池上　花緑さん、声は昔からそういうハスキーボイスなのですか。

花緑　子どものころから「ダミ声だ」って言われてきたんです。9歳で落語を始めたころからこんな感じでした。

池上　小さん師匠のモノマネが上手だった、と聞きました。

花緑　結果としてモノマネになっちゃっただけ。マネをしようとは思っていないんです。師匠から噺を教わったとき、当時の師匠と口調が同じ。若さがない。自分に変換できていないんです。

池上 でも、若いんだから勢いがあったでしょう。

花緑 それが勢いがないんです（笑）。お爺さんがやっているのを真似していますから。（低い声で）「ええ、落語のほうには……」って、こういう口調です。「熊さん、八さん、大家さんが……」。

池上 はは。最初は、ゆっくりめですね。

花緑 自分の口調になってくると、台詞が速くなっていく。それが自分の感覚というものなのでしょうね。

池上 花緑さん、すごく速いですよね。

花緑 速いですね、結局はね。

池上 識字障害で、読むのは遅いほうなわけですよね。

花緑 読むのは遅いです。

池上 ところが、話し出すと、ものすごく速い。

花緑 そうですね。喋り出すと速いんです。

池上 言葉って不思議。

花緑　僕はアルファベットだと「d」と「b」がいまだに判別できないくらいなんです。迷うんです。「左側にマルが付いているほうがdである」という正解を1回見ておかないと、「b」を発見できない。「d」が左だから「b」は右って。どちらかひとつだけを見るのでは、いまだに迷うんです。本名の苗字「小林」のアルファベットも、「Kobayashi」を、「Ko『da』yashi」と間違えて書いちゃって、エライことになっちゃった経験がある（笑）。何ででしょうね。頭のなかはホント、どうなっているのか、自分でもそう思います。読めないぶん、ゆっくりなのに、喋ることになったとき、バアーッとなる。思考が止まらなくなるときがあります。

池上　「朝日教育会議」のときも、だんだん興が乗ってくると、噴水のようにわあっと言葉が出てきていました。大変なボキャブラリー、聴衆を巻き込む間(ま)の取り方。完全に聴衆をご自分のペースに巻き込んで、そこで一呼吸おいて、ご自身の識字障害、学習障害の話にふれられた瞬間、聴衆がわあっと笑ったんですよね。

花緑　はい、はい（笑）。

池上　それ、お客さんたちは冗談だと思ったんでしょうね。花緑さんが本当に物凄い言語能力を発揮している途中で「それで私も障害がありましてそれが、学習障害」という言葉がスッと出ると、冗談だと。一種の落語のひとつだと。

花緑　世間は、なかなかそれをすぐに信じられないということですよね。講演会や独演会などで、「枕」として話をしますが、最初のうちは皆、同じような反応です。笑われる。「いやいや、ホントなんですよ！」って言うと、皆、驚きとともに……。

池上　一体、どういう顔をしてよいか、と。

花緑　だからなるべく、笑いのトーンを消さずに喋るようにしているんですけど。

池上　「洒落」として。

花緑　僕がやっている「洒落」のポイントとしては、「いま落語家が、東西合わせて850人いるなかで、僕は最先端の落語家なんですよ！」って話をしているんです。「ニューロ・ダイバーシティって言葉を知っていますか？」って。そこで池上先生から教わった話をする。いま、僕の「枕」になっていますから（笑）。

池上　そうなんですか！

花緑　「神経構造の多様性」って、世界が向かっているところで、僕が向かっているのは落語界として最先端ですからね、って（笑）。「皆さん、先端の落語家を聴いている自覚がないでしょう！」とか言いながら。

カミングアウトしたのは僕ひとりだけど、落語界は疑わしい人間がいっぱいいます、って言ったら笑いが起こるんです。「笑点」のメンバーはほぼアウトかも、とか言って。「特に黄色いおじさんはアウトです」（笑）

池上 あっはっは（笑）。

花緑 「あの師匠のことは僕、仲間だと思いながら毎週見ています」とかそんなことを言いながら、なるべく笑いを増やしながら告白というか、お知らせする。知ってもらう機会をつくっているんです。

池上 それは素晴らしいことですね。「ニューロ・ダイバーシティ」がここで出てくるとは！ それはちょっと私、自慢できますね（笑）。

花緑 言葉をまず知ってもらわないといけないですし。世の中が本当のバリアフリー、いろんなひとが交差する時代なので、まずそうした考え方に慣れなければいけないというのはあると思うんで。

世界の見方、感じ方は皆それぞれ

池上 とくに、花緑さんのように言語能力、喋るほうが物凄く発達していると、その奥にある読むことの難しさへの想像がなかなか難しい。でも、インプットつまり学習するほうに障害があったり、少数派である認知特性があったりしても、アウトプットのほうは問題が見えないひとって結構いるんですね。また、文字や文法は問題ないのに、発話だけできなくなるひともいます。拙著『自閉症という知性』では数人に焦点をあてたのですが、一人ひとり全員の認知特性がかなり違うんです。世界の見え方が違うこと、得意な世界の見方をしていること、と考えてください。本で最初に挙げたラレさん。これはデジタルの「アバター」として出会った自閉スペクトラム症のひとですけれども、本人はワイオミング州の雪山に囲まれた信じられないくらい綺麗な風景のなかに住んでいるんですね。ふだんはスーパーマーケットの店員さんですけど、自分の頭のなかの構造を3D（スリー）で表現する作品を作って、そのなかに私を案内してくれたんです。「視覚優位」といって、イメージで見るのが物凄く強いひと。視力が良いわけじゃない。頭のなかで情報を視覚としてとらえ、それを3Dの視点からみて、しかもビデオのように覚えているようなんです。

花緑　へええ。

池上　それも、映画みたいに動画でとらえる。まるで落語なんですよ。花緑さん、「落語を3Dで語る」っておっしゃったでしょう。そのように、自分の記憶が映像としていくつも格納されているみたいなんです。一方、視覚が強いひとのなかには、写真のようにバッと覚える方もいます。その場合は3Dというより、奥行きのない感じかもしれません。「3D」って特殊な能力で、たとえば建築家やプロダクトデザインなどの分野でこの能力をもっていると、とても便利なんです。

花緑　僕はホント、勉強できなかったけれど美術だけは得意だったんで、図工の先生にかなり可愛がられて、学校の花壇を描いた絵を、校長室に貼り出されていたんです。その後、まったく記憶がなくて。自分で管理が悪いから、捨ててしまったんだろうと思っていたら、その図工の先生と、この間お会いしたんです。この絵なんですけど（絵の画像を見せる）。

池上　おお、いい絵ですね！　ピアノを弾かれるくらいだから、音楽も得意のほうだった。

花緑　はい。……ところが僕、苦手なのは、妻とラジオを聴いていて、妻が「ああ、私、この歌、凄く好きなの」って言うんです。「歌詞が良いよね」って。僕、詞がまったく入ってこないんですよ。聴いていても頭に留まらないんです。流れていっちゃう。たとえば「わたしのあおぞら」って聞こえているのに、「私の青空」って言葉で入ってこないので、感情が動かないんです。改めて歌詞カードを読まないと、よいか悪いか判断ができない。

池上　ああ、それはすごく興味深いですね。音楽という別の情報が入るとだめなんですね。

そういう聴き方の特徴がある人もいます。

花緑　その代わり、僕は人の顔を覚えるのは得意なんです。代わりに、うちのかみさん、ひとの顔を覚えない。「初めまして」「この間、会ったじゃん！」って(笑)。よくやっています。でも、妻の面白いところは、「映像記憶では残る」と言うんです。ひとの顔を覚えられないのに。僕の携帯電話の番号、メモに最後の4桁を書いておいて忘れてしまって困っていたら、彼女が結局は間違っていたけれど、下4桁の2つの塊を逆に入れ替わって覚えていて、数字自体は全部正確に思い出せたんです。なぜかと聞くと「映像で覚えているから」って、「ダウンロードできるから」って言うんです。

池上　とっても面白いですね。ご夫婦で、認知方法の得意なこと、苦手なことが違う。それも左右対称のように違うのではなく、もっと複雑に、得意なことと苦手なことが入りくんで違うのですね。

花緑　残忍な映画、たとえば侍が斬り合うとか「見るのが厭だ」って言うんです。「映像に残るから」って。僕は忘れていきます。でも、彼女は忘れなくて残っちゃうから厭だって。ひとの能力って面白いですね。

池上　能力にはそれぞれ複雑な山や谷がありますが、聞こえすぎる人のように得意なことでかえって困ることもあれば、苦手なことと特別な能力が裏表のセットになっているように見えることもありますよね。とくに自閉症の場合は「自閉スペクトラム症（ＡＳＤ）」というのが正式名ですが、それは症状というか、いろんな能力や何かの障害に非常に差があるので「スペクトラム」と言うようになった。でも、まだインテリジェンスの高低という一元的な「帯」のような感じがするんです。

私は帯よりも、「全球的なスペクトラム」と言って、地球のようなグローバルなイメージのほうが、想像しやすい気がしています。たとえば地球儀も、国境とは関係ない地球上に凸凹の気圧配置図をアメーバみたいに描くような地図ができる。人間の認知の特性もそうした複雑なダイバーシティです。

それぞれのひとに、独特の認知の特徴を表すアメーバ図形があるのでしょう。

今のところは発達障害の医学的診断は「不得意な部分」を測って診断することになっているのです。たとえば心理学者のなかには、ＡＳＤのひとは細部に目がいって全体を統合するのが弱いと考える説があります。でも、そういうひとは細部を積み上げてシステム化するのが得意なところがある。逆に「思わぬ『部分』をくっつけるのが上手だ」という場合もあるのではないでしょうか。そういうひとは、大喜利が得意になりそうですよね（笑）。

日本では識字障害に対しまだ理解がありません。米国ではその割合が高いんですよ、トム・クルーズも識字障害だそうですし。

「緩さ」が創る落語曼荼羅

――噺家たちはつねに、「どうやったらお客さんにウケるか」を考えながら高座に上がっている。誰かが脚本を書き、監督がいて、皆で演じるテレビドラマや演劇とは異なり、噺家がひとりで演じきる。そこに顔を出す江戸の人びとは、化石として出土するのではなく、まさに雄叫(おたけ)びを上げる恐竜がひしめく「ジュラシック・パーク」のごとく、その空間に私たちを誘うのである。

落語が「生きた伝統芸」である背景には、落語の世界の師弟組織の存在とその柔軟さがある。「落語の組織は緩い」のだ。この「緩さ」こそ、多様で豊饒(ほうじょう)なその独特な世界観を醸成させたと見ることができるのではないか。

対照的なのは、上下関係がかっちりとした茶道、華道といった近代家元制度。これは組織論的に見ると、マクドナルドやセブン-イレブンのようないわゆるフランチャイズ制に近い。家元から名取や、お茶名をもらった弟子は手続き通りに教えなければならない。名取などと呼ばれる中間教授者が自分のお弟子さんに免状を取らせるときも、許可は家元の名前であり、弟子からの免状への謝礼は家元にまで届く。つまり近代家元制は、プロ、セミプロ、アマチュアである弟子のあいだに、縦のピラミッドの秩序序列をつくり、家元の権威を増幅する組織で、家元が世襲なのも経済価値があるからだろう。

一方、江戸時代の伝統芸能で、「緩いほう」でとくに成功しているのは、俳諧や狂歌、さまざまな趣味や書画会のような同好会的なサークル。私が「隠れ家パブリック圏」と呼んで展開されている仲間組織は皆、大体そんな緩いネットワークだ。俳諧のサークルの組織者は、「宗匠」などと呼ばれ尊重されることもあったが、師匠としてはかなり緩い存在だ。

そしてこうした柔軟型の横の組織は、「連」とか「組」と言った名前を使うことが多かった。この「連」がつくる18世紀という江戸の姿を生き生きと描き切ったパイオニアが、田中優子さんなのだ。

落語の「起源」をどこに求めるか諸説あるが、寄席などを通じて近代に繋がる落語の発展は、江戸後期以降の落とし噺だろう。その落語は「連」から生まれたことはおそらく確実だ。芸能史家の山本進さんは、落語「番付」という資料も使って落語の歴史を研究している。江戸という町は、評判と噂が大好きな人間の集まった情報渦まく都市でもあったので、知の案内図が大いに求められた。このころ「番付」は相撲だけのものではなく、江戸のひとたちは、学者から落語家まで、何でも評判を勝手にランキング化して一枚刷りにしてしまうのだった。嘉永末頃の番付には、落語の師弟関係を「桂連」「立川連」「翁連」「柳連」「馬連」「林連」など「連」という言葉でその一門を表現している。つまり落語は、ゆるい師弟関係としての「連」から生まれたのだ。

落語の世界は、一見すれば「口伝が大事」「誰々の弟子」などという縛りはある。ただ、「ある」とはいっても、ほかの伝統芸能のジャンルに比べ、格段に緩く流動的なように思う。「あの噺を○○師匠に教わった」という伝統はあるけれど、いったん習うと、その通り一言一句違わずにやる、という縛りが存在するわけではなく、自分なりにアレンジし、演出し、足していく。若いときは、入門を許された師匠に薫陶してもらう。だが、噺は、「一回は習う」という「門」は存在しつつも、次のステージ、つまり自らが高座に上がる時点においては、膨らませる自由が意外に許されている。

その意味で、落語はジャンルとしてダイバーシティの「集団制作」である。それは一人ひとりの噺家がまるで曼荼羅の分身仏としての「アバター」のように、一見形の違う分身を形作り、それらが並んで、落語曼荼羅を作り上げている。さらに新たな「分身」を培養し、次世代を育てていく。かように落語とは、実に寛容な芸能であると言える。その現代の落語曼荼羅を形作るアバターのひとり花緑さんに、もう少しその継承と創造の難しさについて聞いてみた。

マンモスの化石を演じたいわけじゃない

花緑　落語をやっていて思うことは、演出も解釈も自分でやるうちに、オチを変えたり、噺の流れを変えたりする場合があるんです。江戸の人間関係のなかで出来上がった噺は、現代人にはややわかりにくい。現代人の腑に落ちるように変えるケースがあるんです。でも、それは、古典としてアリなのか。

池上　たしかに難しい問題ですね。

花緑　ただ、落語を「エンターテインメントだ」ととらえる自分もいる。現代のお客さんに、いまの人間にこそ共感してほしい。それで変えちゃうわけですよね、オチをね。

池上　落語は生きている芸能だから、当然そういうこともあるのでは。「マンモスの化石」をやっているわけじゃないから。

花緑 そうなんですよ。「江戸の再現」をしたいわけではないんです。江戸の言葉を借りて、舞台芸としてやりたいという解釈。

池上 いろんな環境に触れると、そのＤＮＡの発現の仕方も変わってくる。種の部分と、それが伸びてくるものも違う。落語を博物館に飾っておくためではなく、生きて、続けていくこと自体が素晴らしいことです。

花緑 落語家になった年齢は、ひとそれぞれ。10代で始める子がいれば、最近は30を過ぎて入ってくる子もいたりして、バラバラです。でもやっぱり、40から50なんて年齢になってくると、「深く話を掘り下げよう」って思うようになって、江戸のことを皆、勉強するんですよ。

池上 なるほど。

花緑 自分が本物になるために、皆、そこに入っていく。「あ、昔の江戸のシステムはこうだったのか。それなら、この言葉を入れてみよう、あの言葉を入れよう」ってさんざん工夫します。お客さんには理解されないわけですよ。したり顔の評論家にちょっと褒められるだけ（笑）。お客様との温度差みたいなものは出てきますよね。かたや、まったく言葉も（当時とは）違っている若い噺家が評価されたりする。「あの言葉、ダメだよ、おまえ」「こんな言葉、江戸時代にはなかったよ」って先輩から注意を受けたりするんですけど、でも、エンターテインメントでいいじゃないかと。

池上 なかなか難しい……。

花緑 せめぎ合いますよね。「古典」って言われてしまうと。「伝統芸能」って……。

池上 タイトルに「古典」ってちゃんと書いてありますもんね。

花緑 「古典落語鑑賞会」って書いてあるんです（笑）。お客さんも詳しかったりするひとがいて、そういう目で見るひとからは不満が出ますよね。僕みたいに、エンターテインメントタイプの人間のことは「ちゃんとしていない」って受け取られるんです。彼らは知識を背負いながらエンターテインメントをやることに価値を見出している。でも、こっち側からすると、「面白い」の表現とは別じゃないですか。「滑稽である」というのは、台詞や、間（ま）で変わるもの。そこの操り方と「江戸の知識」は、まったく別の話ですよね。まあ、両方もっているのが一番よいけれど。

池上 価値観は変わってきているので、笑いは江戸とは同じではないはずですよね。

花緑 子どもはギャグで笑い、大人は洒落で笑う。テレビのお笑いはギャグに近い。でも、落語は洒落を扱っている。

池上　ワンクッションあるんですよね。ギャグは反射神経。「オヤジギャグ」なんていうのもありますけど、言葉遊びは年齢を経ないとわからないのかもしれませんね。

花緑　洒落って「常識に対する非常識」。非常識なことで笑える、というのは大人にならないとわからない。「笑点」の桂歌丸師匠が亡くなりましたけど、皆、洒落で言っていたんですよ、「今日も死なずに元気です」とか「死ぬのを忘れちゃったほど元気です」って（笑）。大人は笑うけれど、小学校６年生の女の子たちから「ひどーい！」って言われたんです。「あのね、たしかに僕は酷いことを言いましたよ。でも周りは皆わかっていて、僕が先輩・歌丸師匠のことを嫌いで言ったわけではなくて、これは洒落で言ったんだよ」って。洒落は大人になったときに、本音と建前みたいに学ぶものなんです。教わるものじゃなくて。

池上　大変ですよね。洒落には知的ワンクッションが入っている。

花緑　洒落がわからないお客さん、大人でも……。よくツイッターでやり合っているのは皆、そうですよね。洒落で発信したものを、洒落とは受け止めず「それは酷いじゃないか」って。

池上　ポリティカル・コレクトネスですね。海外で日本人はどちらかと言えば丁寧で「建前」主義と思われているけど、実際には結構酷い、言わなくてもいい本音を言って人を傷つける上司・同僚やらお客さんがいる。ずいぶん昔ですけれど、私が米国に拠点を移したとき、米国の学校や職場では、女性や有色人種に差別的なことを面と向かって言う人が少なかった。それがすでに確立したマナーで、言っちゃいけないことを言わない文化は、ラクな部分もあるんですよね。本当はどう思っているかは知らないけれど。ただ、ちょっと行き過ぎると、こんどは洒落もわからない世界になっていく。バランスが難しい。

「まんま花緑」から切り替える

花緑　じゃあ落語家はどうなのかって。洒落をいっぱい喋っていて落語家の日常は洒落で済んでいるのか。これが意外と不器用なひとが多くてですね（笑）、日常に問題を抱えているひとも多そう。

高座でお客さんの矢面に立って芸をするということは、おカネをいただいていますから、飲食店なら「美味しかった、まずかった」がはっきりぶつけられる瞬間ですよね。「今日の花緑の演目はよくなかった」って言い方ではなく「花緑はつまらなかった」って言われる。自己全否定される。プレーヤーは精神的におかしくなりますね。

池上　そうですね。そりゃそうですよね。

花緑　だから「切り替える」ということで、「アバター」的に積極的に切り替えないと。「まんま花緑」でいたらつらい。

池上　二つ、三つ目の芸名をつくらなきゃ（笑）。「花緑は面白くなかったけれど、こっちは面白い」って。

花緑　そう、そのぐらいじゃないと、やっていけない。でも逆は嬉しいですよ。「今日の花緑のこの演目は面白かった」じゃなくて、「花緑さんが面白かった」になる。だから、よいも悪いも百、自分で受ける。

池上　うーん、かなりキツそうな世界ですね。

花緑　ホームランを打ったときに、そのチームは優勝みたいなもの。ホームランが打てなかったら、負け試合になるという。すごく極端。

池上　演劇とか映画だったら、責任を取る人が何人もいそうだけれど。

花緑　演劇とか映画だとその俳優さんを批判しないですもんね。「今回ちょっと渋い……。脚本がよくなかったね」とか「今回の演劇、大変そうだったね」って。でも落語の場合は違うんですよ。「あの演目じゃないほうがよかった」「花緑、あんまり面白くなかった」と、パサッと切る。……大変なストレスと背中合わせで生きている。こう理詰めで話すと、言っているほうもつらくなる（笑）。

池上　職業が笑いなだけにつらいですね。

——終始、笑顔を絶やさずに語ってくださった花緑さんだが、内面では実は想像もつかないようなストレスを抱えながら日々、高座に上がっていることを私は初めて知った。噺をゼロから覚える過程、そしてただその身一つで高座に上がっていく姿、私はトップアスリートと対面しているような印象を受けた。誰しもが内に複数もつ「アバター」であっても、それを人前で見事に操るのが仕事の噺家のそれは、レベルがまるで違う。身体によいと続けるジョギングと、五輪マラソン選手の練習が根本的に異なるように。花緑さんは、落語をする自分を「マリオネット」づかいであると定義付けておられた。演劇の世界でも活躍する彼の頭や心のなかで、その「アバター」はどう動作しているのだろう。

池上　演じる役と、自分との距離は、落語家さん一人ひとりによって違うのでしょうか。

花緑　違うと思います。「落語観」という言い方をしますけれども、「笑わせる手段」としてとらえるか、「演じる手段」として「ひとり演劇として演じたい」と考えてやるかによっても違うと思うんです。

人情噺は、僕自身はなるべくお芝居っぽくやるんです。ところが先達には「花緑君、落語と芝居は違うんだからね」と言われるんです。「落語の極意とは何か」といったとき、彼らは「演じ込まないこと」と言うんです。ある噺家は演劇をクサい芝居ととらえ、落語はもっとフラットだと言う。僕は、それは演劇のとらえ方の違いではないか、と思うんです。いい演劇になればなるほど、演技であることを感じさせない。これは演劇人の言うところの「うまい演劇」論と共通していると思うんです。

——花緑さんの活動は、落語が中心ではあるが、積極的に新しい分野でも活動してきた。シェークスピア『夏の夜の夢』五役を舞台で演じ分けた、なんていうこともある。異分野を経験することにより、芝居とはなにか、落語とは何かに考えを致すことも多くなった。

花緑　先輩と祖父のことを喋っていたとき、「うちの祖父は芝居がうまい」と僕が言ったら、すかさず「違うよ。師匠は芝居がうまいんじゃない」と、すぐに否定された。でもそのひとも演劇なんかやったことがないわけで。でも、僕はうちの祖父は演劇がうまかったと思うし、先輩の言う「演技だと思わせない＝良い落語」は、うまい演劇人と共通するところがあると思う。

池上　狸になっちゃう、みたいな。

花緑　うちの師匠（祖父）が言うところの「狸の了見」。狸を演じるときは、狸になったつもりでやる。あれはやっぱり演劇論だと思うんですよ。演劇人だって、役のひとになり切るためにたくさん取材をして、紙に書いてみたり、性格を分析したりして、なり切るじゃないですか。何も口先だけで、声色だけで役になっているわけじゃない。でも、「狸の了見」なんて言っていた祖父ですらきっと「落語と芝居は違う」って話していたと思う。祖父はどれだけ演劇を知っていたのだろう。どの演劇を見て、そう言っていたのかわかりませんが。僕は演劇をやればやるほど、演技を感じさせないリアルな芝居をするほうが、ひとに喜ばれると思うんです。とにかく、祖父がよく言っていたのは「了見が大事だ」って。「人間の了見」って言い方をしていたんですよ。

池上　面白い言葉ですね。「了見」。「了見が悪い」とかいう言い方をするけれども。小さん師匠が言う場合「気持ちになり切る」ってことですか。

花緑　そうですね。「了見が大事だ」って。「よい了見になれ」って意味ですよね。

「卑しい人間は、卑しい人間のフィルターを通すから、すべて卑しい大家さん、卑しいご隠居、卑しい八っつぁん、卑しい熊さん、卑しい与太郎になってしまう。だから、清廉潔白でなければいけない」。これはうちの師匠の師匠、つまり四代目小さんが言った言葉なんです。落語家といえば「飲む・打つ・買う」の三道楽で遊んで、他人を蹴落としてでも伸び上がるといった生き方もありますが、四代目の教えは芸の世界では清廉潔白でなきゃいけない。人間の了見が出るから。さまざまな「アバター」になるには、自分が純粋でニュートラルであればあるほど、どっちにでも行けるという意味かもしれません。

池上　素の自分を清廉潔白にしておく、ということですね。

花緑　はい。たとえば江戸落語に「文七元結（ぶんしちもっとい）」「芝浜」という歳末の2大演目がありますが、共通するのは「お金」というキーワード。「文七元結」は五十両という大金を、……それは娘を吉原に売ってつくったお金ですけれども、いま、橋から飛び込もうとしている文七という若い男にあげてしまう噺。「芝浜」は、落ちている四十二両を自分のものにしようとする噺。祖父は「俺は他人にやるほうが好きだな。『芝浜』みたいに拾ってきて、というのは好きじゃねえな」。本名・小林盛夫のすなおな気持ちとしてはそうなんですよ。「金をあげるほうが気持ちいいや」というほうを大事にしているんです。

池上　「基本」剣道でいうところの魂、心自体をニュートラルに、綺麗にしておくことが、どういうものにも染まる素材として自由度を高める、という気持ちをおもちだったんじゃないかな。

――小さん師匠の端正な落語観の底には、悟りを月に、水を修行者の心、ととらえる剣道の世界と共通する禅的な世界観があるのかもしれない。そうした小さん師匠の心境と、花緑さんが感じてきた理想の「芝居」の演技観は実は矛盾しない、と花緑さんは考えるようになった。

花緑さんが芝居の舞台に立つことで学んだことは、演技だけではなかったようだ。演出家や共演者から学ぶことも多かった。落語の口伝では、師匠はどうしても弟子にダメを出す場面が多くなる。一方演劇では、上手にほめて、やる気にさせる演出家たちに会った。そんな経験が弟子を育てるのに役に立っていると言う。

花緑　弟子が10人いるんですけど、落語界に入る以前の「育ち」が結局、出てくるんですよ。兄弟がある子と、一人っ子と、またずいぶん違う。10人で兄弟になるわけで、それに慣れている子と、慣れない子がいたりするのは困るんですよ。

池上　いまは「住み込み」はないのですか。

花緑　昔のように「住み込み」で毎日、寝食をともにするというシステムは崩壊しているといってよいでしょうね。でも本当は、そこまでしないと覚えられない。師匠を踏襲していくというのは難しいです。「三つ子の魂百までも」って言いますけど、ひとは亡くなるまで育ってきたフィルターを通して他人を見ますね。

池上　生まれ持ったDNAはあるけれども、それがどう発現するかは、その後の環境で神経構造の発達のなかでいかようにも特徴が出てきますからね。しかも子どものころは脳もどんどん育っているから、そのぶん繊細です。そのころに受けた心の傷は、脳も傷つけてしまう。ところで、子どものときは、落語をどうやって覚えたんですか。

花緑　祖父の落語を録音し、耳で覚えたと思います。覚えづらい部分は、ひらがなでも書きました。書くのは大変ですけどね、キュルキュル、テープを巻き戻しながら書いていく。

池上　それで身体に覚えさせていく。きっと落語が大好きだったのでしょうね。

花緑　何度も繰り返し、リフレインして。

池上　イメージも覚えるようにしたのですか。

花緑　ストーリーがあると、自分のなかで絵が見えてきますね。頭のなかでイメージが見えてくる。そうすると、より記憶の糸が太くなる。

池上　「扉を開けて、入ってくる」といったイメージも、記憶に入るのかな。

花緑　どこまで自分が江戸の景色を写すか。朧気（おぼろげ）ではありますが。

池上　子どもだと、まだピンと来ないかもしれない。

花緑　明確である必要はないと思います。江戸っ子が長屋を歩いているとき、長屋の造りの正確さまでは、噺のなかでは必要がないし、それを言葉にしてみたところで、展開に関係ない。

池上　ジェスチャーは？

花緑　仕草がある場合は変わりますよ。たとえば煙草（たばこ）を吸うとき、煙草盆がちゃんと見えているか。煙草の葉がどう入って、火がどう点（つ）いたのか。自分の身にダイレクトに繋がっているものは大事ですね。ここがいい加減だとマズい。「猫の災難」って、これも酒の噺で、酒を注いで飲む。（じっさいにその仕草を演じて）これがリアルに、一升瓶から注いで、口から迎えにいくようにクククーッ。こういう飲み方ですよね。

池上　見るだけでも笑っちゃうような、リアリティ（笑）。

花緑　このリアリティをどうするかは、噺家個人ですよね。すごくヘタなひともいるんですよ。湯呑みの持ち方、仕草。ポンと湯呑みを置きました、みたいな。自分のなかでの「やった感」。それから飲むときの音。（お猪口を傾ける仕草）「ん、ん、ん」ってわざとやるひとがいる。これも「自分が飲んだ感じがする」んだけれど、祖父が嫌いました。「音なんか鳴らす必要ない」って。（黙って飲む仕草）……このように音を出さずに飲むほうが、よっぽどリアリティがある。

池上　なるほど！　自然ですね。

花緑　リアルには鳴らないはず。わざとやるひとがいるんですよ。仕草として、飲んでいる音を記号化する。「いま、飲んでいます」って。祖父はどこまでもリアルに見えるかを追求していました。蕎麦を食べるのも秀逸でしたね。「ズズーッ」って音を出す。噺家全員ができるわけじゃないんです。得意不得意があるんです、祖父はやたら得意でしたから

（笑）。僕がやる音も、祖父が出す音とは違う。（すすって見せ）祖父はもうちょっと、もう2音ぐらい混じるんですよ。

池上　ええっ？（笑）

花緑　お蕎麦と、とろろ。「山かけ蕎麦を食べている」みたいな（笑）。そういう音を祖父は出せるんです。それを聴いた後、お客さんは寄席が終わると蕎麦屋に駆け込む（笑）。

池上　食べたくなる音なんですね（笑）。

花緑　上野の寄席を出たすぐ裏に「蓮玉庵」って蕎麦屋があって、寄席の出番が終わって入ってざるを頼んだら、まわりが皆、注目している。「粋に食べなきゃ」と思った、って（笑）。

「粗忽長屋」は虚構じゃない

──粗忽、つまりそそっかしいひとの話は、落語に数多い。

たとえば、そそっかしい男が釘を隣家に打ち込んでしまう「粗忽の釘」。侍のくせに家中（かちゅう）でも有名な粗忽者を描く「粗忽の使者」。なかでも「粗忽長屋」は古典落語の代表で、五代目柳家小さんの名演が有名だ。

長屋に住む粗忽者の「八」が、浅草の観音様の近所で行き倒れになった者がいると聞いて、ひと混みをかき分け、ひとの股座(またぐら)をくぐって倒れているひとを覗(のぞ)き込む。その男は、同じ長屋に暮らす「熊」だ、どうみてもそうだ、隣同士で仲良くしている。これは大変だと「八」。当人を連れてくると、あっけにとられる人びとをかきわけて長屋の「熊」のもとへ。「おい、おまえ、ゆんべ、浅草で死んでるよ」って。「えええっ！　俺が？」「ゆんべ、どうしたんだよ」「いやいや、何か、冷やかしで歩いていて、馬道(うまみち)のところで飲んで、フラフラ歩いて帰ってきた」「どこ歩いて帰ってきた」「観音様を抜けたまでは覚えているけど、その先は覚えていない」「ほれ見ろ、その観音様の脇を抜けて、くたびれて、もうどうにもたまんなくなって、ひっくり返っちゃって、死んだのも気が付かず、けぇって来ちゃったんだ、おまえは」と言いつのる。はじめは死んでいるつもりもなかった熊だが、そういえば酔っ払って何も覚えていないし、今朝も心持ちが悪かった。だんだんそんな気もしてくる。これも、そそっかしい「熊」。やがて、すっかり自分も死んだつもりになって、自分の死骸を引き取りに行くことになった。行き倒れを見ればたしかにあさましくも、自分の死骸のようだ。「八」は、自分自身の死体を「熊」に抱かせると、「熊」はぽつり、「抱かれてんのは、たしかに俺だが、抱いている俺は一体だれだろう」と呟(つぶや)くのだ。

花緑　「熊」も「八」も思い込みが強い。

池上　自分の死体だ、と言われてそれを掻(か)き抱く「粗忽長屋」って、私、面白い話だな、と思うんです。だんだん俺か死体かとか、ね。

花緑　わかんなくなっちゃう。

池上　初めて聞いたときはピンと来なかったんですけど、まさに「バーチャル」と「リアル」とを問いかけている。自分がここにいる、だからといって、それはリアルなのか、「仮想世界と自分」に問いかけている気がしたんです。「熊」は、「八」の思い込みに引っ張られて、だんだん「そうか、自分は死んだのか」と思い込む。最初はナンセンスっぽい噺だと思っていたんですけど、だんだん深い噺だなと気が付いてきた。落語の面白さは、視点が交代するところ。「こんなバカバカしい話」と思っているうちに、だんだん自分のほうが影響を受けて、自分の視点が変わってくる。そういう噺って結構ある気がしますね。

花緑　「粗忽長屋」はまさにそうですね。オチの「抱かれてんのはたしかに俺だけど、抱いている俺はいったい誰だろう」。考えてみたら不思議な噺ですよね。

——この粗忽長屋の話をある外国の科学者に話していたら、それは「胡蝶の夢」に似ていると言われたことがある。「荘子」が語ったとされる「胡蝶の夢」は、こんなあらすじだ。

「私、荘周は、夢のなかで蝶になっていた。ひらひらと飛び回ることを楽しみ、自分が荘周であることは知らなかった。しかし目覚めてみれば、自分は紛れもなく荘周だ。そこで考えてみると、ひとである荘周が夢の中で蝶になったのか。それとも自分は蝶で、その蝶が夢を見たときにひとになるのだろうか」。人生は一夜の夢。粗忽長屋、このバーチャルとリアルが出合ったような話は、江戸の人びとにとっては、馴染みの深い世界観なのかもしれない。

池上　粗忽長屋は筋だけ読んだらバカバカしい（笑）。

花緑　聴いてもバカバカしいんですけど（笑）。祖父曰く「この噺をいかに、『そんなことあるわけない』と思わせずに聞かせるのが腕だ」って。祖父はこれで芸術祭の賞をとっているぐらい得意ネタだったんですけど。いまだに僕はうまくいかない。「粗忽長屋」は難しい。

池上　難しいのですね。

花緑　でも、これを、大阪の（桂）文珍師匠はすごく面白くアレンジをされているんです。「粗忽長屋」の文珍版は、そそっかしいひとが一人ひとり増えていくという噺に昇華しちゃっているんですよ（笑）。「あれ、こいつ、そんなことないでしょう」、もう一人が「いや、そうかもしれませんよ」って。そそっかしいひとが増えていく。どんどん可笑しくなっていき、笑いの量が……。

池上　増えていくんですね。そそっかしい、は伝染する。でも、そういう噺が出来た「基」には、人間……、結局、「一つの人間が一つの人格ではなくて、いろんなものが入っている。ひとは変わっていく」というような、そういう知恵みたいな発想があったのではないでしょうか。そんな人生が面白いと思っていたのかもしれない。若旦那が初心（うぶ）な顔をしていたのが、花魁（おいらん）に急に目覚めたり。

花緑　「明烏（あけがらす）」という噺ですね。

池上　「明烏」もそうだし、田中優子先生が研究されている「黄表紙（きびょうし）」とか狂歌の世界だと、その「アバター」がだんだん本当かな、というので行き来しているうちに、結局世の中のリアル、現実世界で言われているような道徳、身分制、そういったものまで相対化していく。相対化しているうちに「本当はこうだ」というのも、どんどん変わっていく。「そういうふうに思ったほうがラクじゃないか」って気が付いていたのではないかな、と思うんですよね。とくに江戸の後期、いろいろ人間は動き回るし、モノも商業も発達してくる。いろんな自分が、小さなタテ割りの秩序のなかで収まり切れない自分が出てくる。収まらない自分は嘘なのか、という話ですよね。

「アバター」は嘘なのか。「嘘と言うより、別の真実なんだ」。そう考えたほうがラクだと思うんです。その背景には、江戸時代のフォーマルな政治システムは、人びとを分割してその所属する村や団体を通し規律を正し、幕府はそれを束ねる藩なり団体なりを統制するという重層構造の間接統治がある。侍は、自分の直接仕える殿様に忠誠をつくすのであって、将軍ではない。だいたい組織的に言えばマルチ・バース（多元的宇宙）ができやすい基本社会構造です。明治政府はそれをやめましょうということで、全部、国民が一人ひとりの姓と名前をもち、一人ひとりが明治政府に直接、管理統治される、国民国家をつくり上げた。平等と言えば平等だけれど、ちょっと自由が利かない。

花緑　でも、人間ってまたシステムを作りたがりますよね。僕も、落語協会という団体に所属しています。それは寄席と協会との契約で、協会に入っていないと寄席に出られないので入っているんです。そういうシステムはたくさんありますね。ロータリークラブみたいなのもあるじゃないですか。

池上　クラブ、団体、会社、たくさんありますよね。日本人はこういう中間的な団体を作るのはとても上手な組織文化が、もともとあります。団体を通じて人びとを間接統治した江戸時代の記憶なのかもしれない。

花緑　団体に属しがち。住んでいるところにも町内会があって。

池上　それぞれに「アバター」を使い分けなければならない。高座にいるときたったひとりの落語家としての花緑さんと、お弟子さんを前にした師匠としての花緑さんと、落語協会でもだんだん上のほうになってきた花緑さんとでは、また違う。でも、まだ別の世界がある。江戸時代にもそういう世界がいっぱいあった。ユニバースというより「マルチ・バース」の世界なんですね。いろいろ帰属があるごとに違う自分がいる。はっきりしていることは、生まれた町、生まれついた職業や宗教から別なものへスイッチできないような世界には、もうわれわれは戻れないし、それを自由とは感じられないということです。それを「アバター」を使い分け、実際にどれが真実なのか。そんなに突き詰めて考えなくても、人間にはいろんな側面があるじゃないか、変わっていくじゃないか。何がリアルで、何がリアルでないのか。「リアルでない」からといって、「真実でない」とは限らないわけですよ。落語の「与太郎」「若旦那」「粗忽者」などはある典型であって、現実にいる人たちではない。それなのにそこに普遍的な時代や国を超えたひとりの人間の立ち姿、「真実」がある。

花緑　ホント、そうですね。

ばかばかしいが魅力的なひとたち

――落語の世界には、愚かなひと、滑稽な行動をするひとたちが、これでもかと登場する。与太郎や若旦那、八っつぁん。そうした「愚行」をはたらく者たちへ、そのバカバカしさを洒落のめしながらも、どこか「人間とはそんなもの」と許容するような、温かい眼差しがそこかしこに感じられる。私はそこに惹かれる。

かつての日本では、大きな組織のなかで働くひとはそんなに多くなかった。職人のような、ひとりで黙々と働くことも可能という職種は多かったし、江戸の町では棒手振りや日雇いなどのさまざまな仕事があった。それが、とくに戦後の日本の発展は、

「会社」を中心とした組織の効率性の最大化のために、少々変わったひと、奇人変人とかがこの戦後の何十年かで昔より棲みにくくなってしまったような気がする。しかし、組織で動くことの限界は、既存の組織が溶解しつつあるような現代でこそ、誰もが感じていることかもしれない。

「愚行権」という言葉がある。他の人からは「愚かで、過ちである」と評価・判断される行為でも、個人の領域に関する限り、誰にも邪魔をされない自由のことだ。イギリスの哲学者ジョン・スチュアート・ミルが１８５９年に出した、自由についての政治学の著作『自由論』のなかで提唱された。それは自分でも愚かと思うことをやめられない、というようなことを容認するわけではない。自分ではこれがいい、と判断していることで、生命や身体など、自分の所有に帰するものは、他者への危害を引き起こさない限り対応能力をもつ成人の自己決定に委ねられるべきだ、という考え方だ。

他人の行動が本当に愚かなのかどうか。それを判断することは、実はとっても難しい。本人にとってもだ。だから本人がとりあえず一番いいと思ってやっていることについては、「まあ、いいか」と許されるような社会のほうが、実はイノベーションにフレンドリーな文化かもしれない。人間のあり方の「多様性への寛容」という枠組みの上での愚行権は、現代日本において最も欠けている視座であると私は思う。

池上 最後に一つ、「愚行権」という言葉があるんですが。

花緑 「グコウケン」

池上 最近、考えることが多くなった言葉です。人間は他人から見たら愚かなことを、ある程度、他人に迷惑さえかけなければ、それができる社会のほうが、何かラクじゃないですか。

花緑 僕、思うんですけど、落語が現代にとって何か良いことがあるとするならば、「洒落を学べば、ひとは生きやすくなるのではないか」ということ。言葉を受信するときにどう思うか、どう笑い飛ばせるか、それとも傷ついてしまうのか。僕は、洒落がわかったほうがお得かな、って思うんです。わかりやすく言えば「バカ！」って言われたときに、「バッカでーす♪」って投げ返せられるか、「酷い、この人……」となってしまうのか。とくに、この東京という街ではね。関西人のほうが、自分を笑い飛ばすということを、東京人よりうまくやれている。

池上 そうですね。

花緑　コミュニケーションのなかで、自分を落とすことで話題を提供しようとする。あれは、東京人の発想にはまず、ないですよね。その部分を隠そうとする。

池上　たしかに。「バカー」と言われたのが自分のすべてを指している、と思うと余計腹が立つ。むしろ、相手との関係で出てきたアバターだと思えば、どうだろう。相手との相関関係で自然に出てくるものだから、場合によっては、とりやめてもいいし、それはそのときの顔だと、限定してもいい。英語でいうところの「個性」はインディビジュアリティ、つまり「分けられない」って意味なんですよ。「イン」は「ダメ」、「ディビジュアル」というのは「分ける」。西洋的な個人主義というのは、どちらかというと一つのブロックのようなもの。「個性」というものがあって、それは分けるべきではない、と。「統合」が根本になるのです。

ところが、「アバター」が複数あるような個性のモデルは、それとはかなり違う。発達障害というのは「セントラルコヒーレンス（central coherence）」、つまり、統合する力が弱い、という心理学の説があります。「弱い」と言うとマイナスに聞こえますが、脳のなかではさまざまな分野がローカルに分業で情報を処理していますから、統合する力が弱ければ、他の分野といろいろ繋がることができるとも言えます。だから、かえってユニークな発想ができる場合がある。「分身主義」の考え方で言えば、「アバター」ってもともとは曼陀羅の分身仏みたいなもの。自分のなかにいろんな「アバター」があり、ひとつを笑い飛ばして「おお、与太郎的な自分が笑われている」と、ちょっと距離をとって見ることができる。だからある意味で、自分の中心部分が攻撃されるのではなく、フェイントみたいに、ワンクッションを置くことができるんです。そんなことが、花緑さんの洒落で距離を置く、ということに通じるかな。

花緑　なるほど！

「与太郎」は多様性の象徴

池上　「江戸」という社会の懐の深さを現すような、好きな落語ってありますか。

花緑　いくつかあります。たとえば「猫の災難」。嘘をつく、友達を騙(だま)す。八五郎のお酒を呑みたい執着心たるや！（笑）友達に、つい嘘をついてお酒にありつくんですね。この噺は、その後の友達関係がどうなっていくのか心配だけれど、きっと友達も許してくれそうです。それから、「出来心」。これは、いわゆる泥棒の噺です。他人の物を盗む行為はもちろん許されないけれど、泥棒を扱った落語はたくさんあるんです。僕はこの噺がとても好きで、前座のころからやっていました。泥棒の親分と、子分の会話から始まる噺で、「お前は泥棒に向かないから足を洗ったほうがいい」とリストラに遭いそうになるんですが、必死に食らいつく噺です。聞いているお客さんが、「あ～、こんなにドジだと、泥棒は務まらないなあ」と思って、微笑ましく聞けるところがおかしいです。「出来心」というキーワードを言うことで、長屋の人たちもついつい許してしまうところが可笑しいです。

池上　与太郎についてはいかがですか。「道具屋」「ろくろ首」「錦の袈裟」。与太郎が登場しますね。

花緑　与太郎って、社会についていけない者たち。でも、彼に関する解釈は噺家によって違うと思っています。単なる「バカ」という位置付けから、実は長屋の者の誰よりも頭が良いのではないか、と仮定するひともいます。理解できない者たちが、彼のことを「バカ」と認識しているだけではないか、という発想。亡くなった立川談志師匠が、そんな考え方をしていました。台詞を追って見てみると、少しだけ頭の足りない、愚かしい者という解釈ですが、会話の揚げ足を取ってみたり、つまらない洒落を言ってみたり、実は頭の回転がいいんです。商売する、結婚したい、吉原に行きたい！　などなど噺によって欲望はストレートですが、そんな与太郎が長屋の輪に入ることができている姿に、僕は一番の江戸の多様性を感じるんですよ。……与太郎はADHDなんでしょうか。

池上　たしかに、談志師匠は「バカをバカとして描くのではなく、そちらのほうが賢いのではないか」ということを、何度かお書きになっていました。その要素は多分にあったかもしれませんね。周囲のとらえ方や価値観が違うだけで、別の基準でみると卓越した才能をもっていたのかもしれません。

バカバカしいことをやっちゃうひとたちが、落語には山ほど出てきますよね。でも本人は結構真剣にそれをやっている。現代社会では、「世間」の非常識にあたるような愚かなことをするひとを、見下げてしまう。「愚行権」が日本の現代社会には通用しないんですよね。江戸にはこれだけ愚かな人がたくさん出てきて、みんなが、ワーワー笑っているんだから、おそらく「愚行権」が結構あったんじゃないかな。

花緑　落語の世界は、まず面白い題材を見つけて、物語が生まれていると思う。落語家という職業が確立する前は、職人さんが落語を喋っていたんですよね。「笑い目利き」みたいなひとがいて、他のひとがスルーしているモノを「あれ、面白いよね」って。「え、何が?」「いや、面白いじゃない、あれ。あの、木にぶら下がっているの、あれ、見て、あれ!」なんて言って。「どれ……、何が面白いの」「いや、何が面白いって。ほら、逆さになって、こんなになって、面白いじゃないい！」って。「あれ、面白いの？」「面白いよ、あれ！」。……ちょっとやってみるか、お寺で、となって、話し出したら皆、ゲラゲラ笑う。「ほら、面白かったろ？」「ああ、面白い。おまえ、凄いな。よく気づいたなあ」。その「笑い目利き」の着眼点は、そのひとならではは、だと思うんですね、江戸にはそういう優れたひとが、自分の生活というものを落語にしていたと思うんです。大工だったり、職人だったりが主人公のものが多いのは、自分自身や身の周りの話をしていいたんだと思うんですよ。それがだんだん磨かれ、芸に昇華していったと思う。ということは、「面白い」ということがまず優先されたんじゃないか。そのなかに、いま風で言うところの発達障害みたいな、理解の及ばない者も、「面白いヤツがいましてね、うちの町内に。与太郎っていうんですけどね」って話をしたのでは。

池上　なるほど、なるほど。笑いの目利き、ソムリエですね。

花緑　「みんなで吉原に行くって言ったら、こんなことを言いました、あいつは」っていうことだと思うんです。その彼を通して、束ねていった結果、残ったものが面白い噺ばかりだから、そういう面白い世の中だったたような感じがするけれども、それは、「そのひとの目をもってして、オモシロがった江戸」。今でも、それがたくさん残っていて、「ジュラシック・パーク」になっているから、江戸はよほど面白かった、と思われがち。実はそれだけではなかったかもしれない。

池上　つらい部分、窮屈な部分もたくさんあったでしょうね。

花緑　今は、高気密な魔法瓶みたいな家に住むこともできる。江戸の暮らしとは正反対。長屋は風が入ってくる、寒い、暑い、埃っぽい、隣の音は筒抜け。だから「江戸が良かった」とは簡単には言えませんよね。

池上　簡単には言えませんね、絶対ね。

花緑　だから「笑い飛ばすことで解決しよう」と。「笑えた」という一点で、「ええじゃないか」じゃないけど、皆、過ごしていた。それは知恵であり、そうしなければ生きていけなかった。僕、最近思うんですよ。寝ること、食べることと同じぐらい、笑うことがエネルギーだって。でも、「笑う」エネルギーって、現代人がわりと見過ごしている部分だと僕は思う。笑えることがあると、なぜかオッケーになる瞬間があるんです。

池上　瞬間ね。そうですね。談志師匠が言っていた、落語とはなべて、人間が生まれたときから身につけさせられる「常識」に対する「非常識」なのであり、落語家は高座という場所でその「非常識」を語り、客はそれを聞きたくて、わざわざ足を運ぶ――。落語のなかの非常識を笑うとき、そういうこともあるかも、とわれわれはふっと瞬間、感じる。

花緑　笑うことによって納まる。だから、笑い飛ばせたということは大きいと思います。江戸はその知恵をふんだんに使っていたんじゃないか。だから落語が残った理由があるんじゃないかなって。笑いはひとつでも多いほうがよい。だから笑いを扱った落語は消えなかった。

池上　これだけ笑いの情報が、当時のままでないにせよ残っている、というのも、あまり世界的に見てもないと思いますね。口演としての落語のほかにも、笑話を出版した噺本のたぐいもたくさん残っていますし。

花緑　笑いのない語りだと残らなかったかもしれない。いま、神田伯山(はくざん)君というスターがいるから盛り返している「講談」にしても、浪曲にしても、かなり衰退している。流行(はや)り廃(すた)りを超え、落語が残っているというのは、笑いのエネルギーなんですね。

池上　語られるストーリー自体が古びてしまうと、なかなか共感できない。落語は浄化されちゃって、いつまでも残るような普遍的な人間の部分がたくさん入っている。共感できないような愚かなことに、なかなか寛容にはなれないけれど、でも社会には、本当に自分とは随分世界観が違う人間がいる。でもどんなに寛容なひとでも、その一つひとつの違う文化や感じ方に、すべてに心から共感や理解ができるという保証はどこにもないが、それも、面白いと思えれば許せる。笑いは許すための安全装置みたいな部分もあったのでは。

花緑　マルクス・ブラザースの映画みたいに。

——他人にとっては愚かなことかもしれない。でも、自分自身のなかでは一生懸命だ。それは、各々の頭の構造が違うとするなら、見えるモノも違うことから当然起こり得るはずだ。他人に危害を与えない限りは「笑い飛ばしてしまえ」という社会のほうが、本人にとっては生きやすいはずだ。

落語家は孤独なアスリート

池上　「アバター芸」の落語に登場する、愚かなひとたち。そして、彼らを笑い飛ばしながらも温かい目で見つめるひとたち。ただ、それを演じる噺家さんは、かくも多大なストレスを抱えながら走り続けているのか、その片鱗が、今日初めて垣間見えました。ちょっと孤独なアスリートにも似ているかもしれないですね。

花緑　極めていこうとすると、どうしてもそうなりますよね（笑）。名人といわれる先輩でも、噺の記憶や解釈、どう高座で受けるかという闘いは一人ひとり。

池上　いつまでも、80歳になってもできるように。

花緑　長生きをして。

池上　そうそう。話し方が少しゆっくりになってでも。

花緑　ペースは落ちていくと思います。それがきっと、よい「間」になると思います。

池上　さすが、名人だっていうふうに。花緑さん、「達人と名人は違う」って書いていらっしゃいましたね。達人として頑張ってなる人と、そのままで名人になる人。……そのまんま、というのもおかしいですけど、存在自体が名人、みたいなね。

花緑　最近思うんですけど、齢を取っていくことが、ただ古くなるのか、アンティークになるのか。このへんの価値の違いがありそうです。

池上　それは私たち学者も同じ。私も古くなっているかも。

花緑　アンティークになればよいなって。古いから廃棄されるのか、この古さが良いんだよと認められるのか。それはそのひとの生きざまなのかな……。

池上　私も発達障害、自閉スペクトラム症という、まったく違う知性の形、自分とは異なる世界の見え方感じ方を知ることによって、何となく今後は少しよいアンティークになれるかもしれない（笑）。自分と違う人間を知る、自分と違う世界を知るということが一番面白いですよね。「アバター」というフィルターを覗き込む生活を始めてから、気分がまた、ちょっと上昇気流に変わってきた気がします。

花緑　僕もアンティーク落語家を名乗ろうかな（笑）。結構なオチがついたと思います（笑）。

池上　花緑さんと話しているとすごく面白くて、本当に楽しかった。ありがとうございました。

――多数派の認知特性とは異なるものの、高いインテリジェンスをもつ「非定型インテリジェンス」の典型、花緑さんのような人びとは、人生のなかのさまざまな局面で、自らを深く見つめざるを得ない。多数派の他者が当然とすることができなかったり、自分の立ち位置を見つめざるを得なかったりする場面に、まま出合うからだ。大活躍している花緑さんであっても、発達障害からくる苦手なことを、得意な部分でカバーするという負荷をかけた努力の日々を送っているはずだ。そんな場面で、花緑さんにも自分の在り様をみつめ、その目からあらためて落語という話芸を考えるときが多々あったのではないか。ちょうど、アスリートが自分の身体を見つめることによって、結局その心の問題に行き着くことがよくあるように。それは多大なストレスでもあるが、深い生き方への入り口にもなる。少なくとも、今まで私が会った発達障害の人びとには、そんな「自分研究」を得意とするひとたちがたくさんいた。そうしたひとたちとの出会いは、私にとって深い学びの経験だった。

アバターを操るアスリートである落語家としての花緑さんは、一回一回が真剣勝負の高座という修羅場のダイナミズムを味わい続けてきたひとでもある。まるでオリンピック選手のように。しかもそれが、若いときだけでなく、「アンティーク」になるまで、続くのだ。話芸を通じて、自分研究の木戸口を潜ってしまった花緑さんに、心のなかで応援歌を送りたい気持ちになった。

現代社会においては、組織という概念自体が世界中で変貌し、溶解の一途をたどっている。既存の見方で言うところの「愚か」という判断が、果たして本当に妥当であるのか、一つひとつ疑いの目を向けてみるときが来ている。そんなときあの落語の世界を思い起こしてみよう。「あいつはしょうがねえや」と包み込んでくれる、実に大らかな世界。

時計の針は回って現在。そして未来。この閉塞感に満ちたディストピア（理想郷の正反対の社会）を、如何にしなやかに生き延びていくか。

そのカギを握る言葉こそ「アバター」ではないだろうか。

次章では「アバター」を駆使するひとたちの存在を知り、神経世界の多様性への理解を深めることで、肩の力の抜けた、風通しのよい人生を過ごしていくヒントをお伝えしていきたい。

第二章

「アバター主義」という生き方

池上英子

The Brain——is wider than the Sky——

脳は空より広大だ。
両者を並べてみれば、後者は前者に含まれる。
いとも簡単に。
そして、あなたも、一緒に。

（Emily Elizabeth Dickinson＝エミリー・ディキンソン）

東の崋山、西の崋山——江戸は「マルチ・バース」

稲穂の実る相模の国を、俳諧師匠の紹介状を持って旅を続けた渡辺崋山（かざん）。江戸後期の画家であり、思想家であり、三河国田原藩士という、数々の顔を持ち合わせたひとだ。宿を求める際には、絵描きだからと邪険にあしらわれると、そんなときは「侍のアバター」に被（かぶ）り直して「我ハ三宅土佐守の家来にて……」と啖呵（たんか）を切ることもあった。その上で絵や歌詠みや噺（はなし）好きなど「此里（この）にわれにひとしきひとあれば」——つまり趣味人の分身「アバター」として、身分にかかわらず対等に交際をしたい、と申し出た。

序章のなかでご紹介した、そんな渡辺崋山とほぼ同じ江戸後期、やはり同じ「崋山」という名で、京都で活躍していた絵師がいる。横山崋山(1781〜1837年)。ここ最近は、忘れられてきた天才として、美術界から脚光を浴びているひとだ。

この横山崋山というひとは、あらゆる画派に属さず、その自由で多彩な画風で当時、人気を博した。江戸にもその評判は伝わり、東の都の絵師たちにも多大な影響を与えていった。

東の渡辺崋山とは異なり、すでに成熟を極めていた京都という街に生きてきた横山崋山。この「西の崋山」は、横山家という京都西陣の機織りを業とする旧家の分家の養子に入ったひと。横山本家は、かの奇想の画家・曾我蕭白(しょうはく)のパトロンでもあった家で、アートの趣味が横溢(おういつ)していた。そうした家の、しかも分家のひとだから、子どものころから絵に打ち込んでも、温かい目で見守られたことだろう。だから、お侍さんの「東の崋山」のように、絵師としてのアイデンティティ(=「アバター」)と、侍の立場との相克に悩むことは「西の崋山」にはなかったようだ。そのせいか、どこか穏やかなその筆致。だが卓越した画技は、とくにお祭りなどの人物の生き生きした描写に表れており、まるで葛飾北斎のス

京都・太秦「広隆寺」の奇祭を描いた横山崋山の「牛祭」。下段の俳諧が逆さまになっている一枚摺り。米ロサンゼルス郡立美術館蔵©LACMA

ケッチ集『北斎漫画』の世界を思い起こさせるような躍動感を覚える。

　そもそも、日本のお祭りというものは、お面や装いで、ふだんの生活とはまったく異なる自分になることができるという意味で、日常とかけ離れた「アバター」を楽しむ生活技法だ。世界中に日常をひっくり返す「お祭り」の数は多いが、日本のお祭りの多種多様性は特筆ものだ。「西の崋山」は、その「アバター」たちの息遣いを描くのが実にうまかった。

1枚の摺物（すりもの）が、ロサンゼルスのカウンティ・ミュージアムにある。絵の上段には「牛祭」という京都・太秦（うずまさ）の奇祭が描かれ、下段には誹諧を並べている。「西の崋山」の筆による、いわゆる「誹諧一枚摺り」である。この時代の人びとは、さまざまな機会をとらえて、自分たちの仲間の俳諧を摺物にして配っていた。俳諧の句会自体がそうした行事の折に開かれることもあった。

絵の上段の「牛祭」の絵には、実に生き生きとしたひとたちの表情が並ぶ。行列が描かれ、仮面を被ったひと、牛を囲んで松明（たいまつ）を掲げるひと、音曲でお道化（どけ）る、楽しそうな人びとが一堂に会している。まさに「アバター」の群像図となって、その非日常の空間を楽しんでいる。太秦の広隆寺の「牛祭」は、京の秋に繰り広げられる奇祭として広く知られている。彼は誹諧の「パブリック圏」のために絵を描き残していることに、私は気がついた。

つまりこの作品は、二重の意味で「アバター」の図なのだ。下段の字は（逆さまで読みにくいが）俳諧の「一枚摺り」となっている。二重の意味での「アバター」とは、どういうことだろうか。

俳諧は、社会的にも文芸としても、ネットワークの詩歌であったと言ってよいと思う。俳名などの装置と、文字も絵も鏡像（きょうぞう）で彫りあげる人間コピー機のような木版印刷の恐るべきスピードに助けられ、俳諧サークルに関わる人たちは、建前上の秩序とは違う俳諧がつくり出す社会的なマルチ・バース（多元的宇宙）の世界にも取り込まれていたことに間違いはない。そんな世界においては、世間一般のカテゴリーに基づく個人のアイデンティティとは異なる次元での人間関係も可能だった。俳諧という「隠れ家パブリック圏」では、深く関与すると、自らの本来所属するネットワーク以外の人脈にもアクセスでき、これまで出会ったことのない俳人を紹介されることもあった。つまり俳諧は、単なる詩歌の1ジャンルではなく、さまざまな美的パブリック圏を渡り歩く「パスポート」のような存在だったのだ。

社会学的ネットワーク分析では、「弱い絆の強さ」という（スタンフォード大学の社会学者マーク・グラノベッターが提唱した）有名な概念がある。「しばりの強い紐帯」、たとえば会社内の上下関係や親族などのきずなとは違い、しばりが緩くて分権的な「弱い絆」は、実は情報の拡散には適している。まさにそれを地でいくのが俳諧ネットワークだった。まるで「噂」が簡単に飛び交うように、柔軟で分権的なこういった緩めのサークル組織は、日本中にふわふわぐるぐるとそのネットワークの渦を広げていった。そして、そうした緩い仲間組織のネットワークは、出生とともにほぼ決まってしまう固定的なカテゴリーから人びとをより開放的な繋がりのなかへと導いた。もちろんそんな世界のほうが楽しかったに決まっている。

一方、文芸としての俳諧は、もともと一座に会して、順番に前のひとの句に「付かず離れず」の自分の一句を付けていくという、臨場感いっぱいの「俳諧の連歌」の世界から生まれた。芭蕉の原点もそこにあり、消えていく時のなかでの一座の感興こそが彼がいつくしんだ世界だった。句会のその場にいる人たちが、お互いの世界（つまりその場で出てくるアバターの世界）を推測し、連想しあい、そこに自分らしい至適の一句を付けていく。私はそれを英語圏の人びとに説明するときは、「パフォーミングアート」（演劇的芸術）という言葉で表現することが多い。「俳」はわざおぎ、演じるという意味。諧は滑稽。俳諧の世界は、実は大喜利・落語の世界と隣り合わせだ。ただそれはもともと落語のようなひとりのアバター芸、つまり「劇団ひとり」ではなく、集団で互いの作りだす詩的な世界を察し合う文芸だった。一座に集って、他の参加者がそれぞれにつくる詩的な世界に触発されて、自分も詩的世界を提示するという「アバター芸」だった。といっても、現代の「アバター」のように形はない。それも、前の句との繋がりが明らかすぎてはいけない、という条件つきだ。頭のなかの想像力だけを頼りに、相手のつくる詩的「小宇宙」とそこに佇む相手の「アバター」の風情を察しつつ、ジャズのセッションのように演じていくのだ。

もっとも、芭蕉の高みの世界とは違い、俳諧は大いに大衆化して、言葉遊び的な気楽な文芸になっていった。何しろ他の趣味と違い、道具もいらない。必要なのは短い言葉だけ。大衆化してより気軽にもなった俳諧の世界は、庶民にとって息のつける止まり木になっていたはずだ。そして、俳名という「アバター」の笠（かさ）に守られて、普段の交際範囲をこえた縁にも繋がり、より風通しのいい人生をおくるためのツールだった。

すでに18世紀半ばに江戸の町で流行した「月並み（つきなみ）」（月例という意味）という俳諧の点取り競技など、取り扱い業者のプロモーションもあって1万句くらいも集まって、高得点の句はさっそく木版一枚摺りで配られた。この時代のメディア事情は、ちょっとした現代のSNSも顔負けである。点取り俳諧に熱中する江戸の人びとの心持ちは、現代でいえばSNSの投稿で「いいね」に一喜一憂するようなものだった。言葉遊びで競い、時に笑い飛ばしながらの俳人「アバター」としての「わざおぎ」をほかの人びとと共有することは、さまざまな現実の厳しさと闘う人たちにとって、誇りであり、ひとときの心の解放であったことだろう。

「西の崋山」が活躍していた当時の京都の街には、俳書の出版元が集まっていた。横山崋山もどのような経緯かはわからないが、そうした俳諧のネットワークのなかに連なっていたことは想像に難くない。

横山崋山の作品は明治以降、海外のコレクターに大いに好まれ、優品は大英博物館など世界各地に渡って珍重されている。多くの作品が明治以降、海外に流出したこともあって、その存在は、日本国内では忘れ去られていた。再評価のきっかけとなった「横山崋山展」の企画に携わった頴川美術館・学芸員の八反裕太郎さんによれば、この「牛祭」の「一枚摺り」が太平洋を越えロサンゼルスの美術館に渡ったとき、「崋山」と署名があることから、なんと「東の崋山」渡辺崋山の作品として、間違って分類されていたらしい。知名度に雲泥の差があったため、そのようなミスが起こってしまったのだろう。

ともあれ「西の崋山」は、「東の崋山」とほぼ同時代のひとだが、江戸ではなく京のひとであり、身分が町人の町絵師だった。侍であった「東の崋山」は、ひとたび絵筆を握れば身分や国境をも超越するとの自負をもっていたが、その一方、殿様への忠を第一とする侍の組織の倫理との相克にも悩んでいた。そして最後は、自死という悲劇的な最期を遂げた。一方で、町絵師として、そして大商人の家に連なるひととして、穏やかに生きたらしいのが「西の崋山」である。その彼が、人びとがふだんの地道な生活を、時にすっぱりと振り払い、祭りの衣装と仮面の行装のなかで「アバター」になっていつもの生活のなかでの桎梏をするりと抜けて、きらきら輝く人びとの一瞬を描ききることに情熱を注いだ。二人の崋山の社会的立場と方向性は大いに違うが、そこに二人の内奥からの、深い自由への憧れを感じてしまうのだ。

「西の崋山」が描いたのは、広隆寺の「牛祭」だけではない。お祭りが大好きなひとだったようで、祇園祭、やすらい祭など京都中のお祭りを描いた素晴らしい大作の絵をいくつも残している。卓越したデッサン力で、人びとが今にも動き出しそうなタッチ。

ちなみにこの時代、人びとの服装や髪型は、その身分・職分などの秩序の上の公式のアイデンティティごとに細かく決まっていた。たとえば、この時代の風俗絵画を見て、一目でそのひとの職業や社会的身分を推し量ることができるのは、そのせいだ。そして、服装や髪型から家の造作に至るまで、身分による外見・表象の規制は、幕藩政権の社会統制の根幹をなしていた。分に過ぎたとされる素材や手仕事の服装をしてはいけない、という贅沢禁止令が何度となく発令されているのは、幕府が表象の身分統制を重視していたからだ。逆に言えば、いかにそれを破りたい人びとが多かったかの象徴でもある。

人間の自己意識はどうしても、自分の外見が他のひとにどう見えるかに深く影響される。

そんな自分を趣味の隠れ家世界でひととき忘れることもできる。とはいえ、身分で規定された服装や髪型はそのままだ。そういえば、中世の時代には笠をかぶっていれば、誰でも参加できた笠着連歌という制度があった。それは、姿形を変えた非日常の分身として心持ちだけでなく、見た目からも座の一員となる、という装置だった。だが、年中行事であるお祭りのときとなれば、だれもが非日常の出で立ちで、時には少々クレージーな踊りや演技をする。横山華山の作風は、ふだんとは違う出で立ち装束で「アバター」という分身を演じることを全身で楽しんでいる人たちへの温かい眼差しを感じさせる。そんな「解凍」する必要のない、生き生きとした作品がたくさん残されている。

そもそも日本の伝統社会は、人びとがおおっぴらにヘンテコな「アバター」に成り代われる「時」を年中行事として制度的に組み込んできた。1年を「ハレ」と「ケ」という時間で分類し、「ハレ」という特別な時間には大っぴらに「アバター」を被る。日常は吝で地味なひとも、ハメを外し、御馳走をふるまい、派手な装束を身につけたり髪をザンバラにしたりして儀礼を行う。時には破茶滅茶の愚行や暴力的儀礼を行うお祭りさえある。「神を楽しませる」とか「神に自分が成り代わる」という意味もあったが、それが「息抜き」というものだったのだ。

人間はやはり、ひとつの仮面を、いつも被ることを強制させられる社会では、息が詰まってしまう。ところがお祭りのときには、世間公認で、みんなバカなことをし、また極端に走る――つまり非日常を生きる。世界の諸民族が、さまざまなバリエーションでさまざまな「お祭り」を発明してきた。たとえばヨーロッパから南米・アフリカにまで広がるカーニバル（謝肉祭）の風習は、カソリック教会や王の権威を風刺したり、身体の一部をグロテスクに誇張したりした人びとの仮装行列で知られる。それは「アバター」行列そのものだ。それがブラジル、リオのカーニバルのようになると、サンバとエロスと商業化の味付けで、ツーリストを魅了する観光資源になっている。

複数の「アバター」がつくるマルチな多様性の世界は、自分の脳のなかにもあれば、自分の外の社会にもある。「二人の崋山」たちの世界は、社会のなかにも、別の自分を引っぱり出すさまざまな装置があることを示している。そんな場を積極的に利用して、多次元で分身として生きることを許してきた――そんな江戸は、「ユニバース」（ひとつの宇宙）というより「マルチ・バース」（多元的宇宙）的社会。そのマルチ・バースの世界をさまざまな「アバター」を切り替えながら人びとは生きていた。江戸の社会はそんな「アバター」的文化が深くこの日本に根付いていることを、改めて教えてくれたように思っている。

自由と多様性

このところ私は『ハイパーワールド　共感しあう自閉症アバターたち』や『自閉症という知性』など、自閉スペクトラム症に関わる本を立て続けに刊行してきた。それらのなかで私は、仮想世界と現実世界との両方において、おもに自閉症当事者と重ねてきた交流を通じ、「神経構造の多様性が社会全体にとってプラスになる」というテーマについて、発信を続けてきた。

そもそも私は歴史社会学の学者として、日本文化をグローバルな文化的な仕組みから分析してきた人間である。しかし、近年は、冒頭の序章でも少しだけ触れたように、仮想社会の研究に力を入れている。ニューヨークのマンハッタンに長年住んでいるのだが、街の喧噪（けんそう）にもまれながら、私が最近見つめ続けているもの、それは「ニューロ・ダイバーシティ（神経構造の多様性）」だ。

ご存知の通り、ニューヨークの街には、米国のなかでも、多種多彩なカルチャーシンボルをまとった人たちが闊歩（かっぽ）している。おそらく、地球一の「ダイバーシティの街」だと言えると思う。米国内は、どこでもそういった風景が広がっているわけではない。たとえば、私は最近、西海岸のカリフォルニア州サンタバーバラという街にしばらく滞在していたが、かの地で高級なレストランの並ぶ地域を歩いているひとたちが、誰も彼も皆、白人が多くて驚いた。キラキラした金髪で、ハリウッド映画から抜け出てきたかのようなハイファッションのひとばかりである。それが、同じ米国内でも南部の街やメキシコ国境に近い地域に行ってみると、まったく異なった様相を呈している。

そういう点から言うならば、ニューヨークという街はまさに、人種やエスニシティ（民族集団の特性）、文化の多様性に満ちている。信じられないほどの富の偏在はある。にもかかわらず人びとが活気に満ちているのは、多様性がただそこに「ある」だけではなく、世界でも数少ない、「違い」があることを積極的に祝福する街だからだろう。ここではあらゆる人が、のしあがろうとする。だがそのために自分の文化やパーソナルな生き方を変える必要はない。そしてそんな人びとを活写し、その「違い」を祝うアート、音楽、文学がこの街から次々と生まれてきた。メタリックな地下鉄の車両に揺られながら、冬になればスチームの噴き出る歩道を歩きながら、街のあちこちから流れてくる「自由」という名の旋律が、ダイバーシティというビートにのって、24時間、365日、私の心を躍らせる。

自由は、ダイバーシティをお互いに認め合うという基礎があってこそ、心に響くビートとなる。ありのままの多様性を承認し合い「違いを楽しむ」という枠組みがないと、あるひとの「自由」は別のひとへの「抑圧」になる。やはり、だれでも他人に強いられて何かをするのは嫌なものだ。内から元気がでないではないか。そして自分の心のなかのマイノリティの部分を隠し、多数派に揃えることを強制されるような社会では、本当の自由はない。しかしそれだけでなく、自分のなかにさまざまな「アバター」があることを自分自身が認めないと、話は始まらない。

自分のなかに複数の「アバター」がある。そんな分身をそれぞれの場、ひととの出会いに応じて大事に育てながら、しかもそれを時によって切り替えるという「アバター」主義は、そうした多様性を認めた上の自由な生き方へと繋がる、と私は思っている。

20世紀の米国とは、人種やエスニシティ、ジェンダー、セクシュアリティなど多種多様な分野で、ありのままの価値を発見する時代だったのではないか。ありのままの価値で、いわゆる「アシミレーション（assimilation＝同化、融和）」されるのではなく、ありのままのアイデンティティを尊重する。そうした「リスペクトのポリティクス」（尊敬をもとめる政治）が、運動理論として大きな力をもつようになった。この流れで言えば、21世紀のフロンティアは、「ニューロ・ダイバーシティ」の時代と言えるのではないだろうか。

今、フロンティアは「ニューロ」

「ニューロ」とは「神経構造」。「ダイバーシティ」とは「多様性」。現代日本を覆う閉塞感を打ち破り、もっとイノベーションや社会的実験を促すような社会や文化はどう築けるのか……、そのために有効的で一定の科学的な根拠がある言葉があるとするならば、それは「ニューロ・ダイバーシティ」ではないかと思う。

この「ニューロ・ダイバーシティ」という言葉は、90年代に米国のシリコンバレーで生まれたと言われている。最初にこの言葉を広めたのは、ハーヴェイ・ブルームというジャーナリスト。有力雑誌『アトランティック』で、当時まだ勃興のさなかにあったシリコンバレーのIT文化とからめて紹介した。いわゆる「ギーク」（コンピューターなど何かに特化した世界に夢中になるオタクを指す俗語）のなかにはまるで宇宙人のような天才プログラマーがいて、そうしたひとのなかにアスペルガーの人たちがいた。「ニューロ・ダイバーシティ」という言葉には、たとえば発達障害のような脳の特性について、それを単なる「障害」「症状」としてみるのではなく、「ひとつの個性である」としてその価値を、「ありのままに、まず認めよう」という含意がある。

米国ではすでに広く受け止められつつある概念で——もっとも、中西部あたりの小さな町に行けば、それはまたわからないが——、とくにニューヨークのような大都市圏においては、「ニューロ・ダイバーシティ」は小学生や中学生の子どもがいるお母さんたちの会話で使われる言葉になりつつある。

人工的なインテリジェンスとして、「AI（人工知能）」が、私たちの生活のパートナーとなる時代は、もうサイエンスフィクションの世界ではなくなってきた。それは昔むかし、空想物語で描いていたような「人間型ロボットが動き回り、生活をアシストする」という、わかりやすい形でもなければ、「全能のAIが人間を支配する」というホラーストーリーでもない。だが形状がどんなものであれ、生活の隅々にAIが浸透していくのは時間の問題となった。ただ、それに如何にアクセスし、その益を受けるべき主体が人間であるようにしていくか。今後、それを考え続けていかなければならない時代に突入しつつある。

ところで、私たちは、その「人間のインテリジェンス」、そしてその多様性のことを一体どの程度わかっているのだろうか。生きた人間のインテリジェンスの基礎をなす知覚感覚の多様性について、どのぐらい真剣に自覚しているのだろうか。

村上由美さんという方がおられる。アスペルガーの当事者であり、言語聴覚士として、また発達障害の人びとの支援に活躍している。アスペルガー当事者の妻でもある。つまり当事者・支援者・家族という3つの立場で「見えない障害」を生きている村上さんは、識字障害の花緑さんと正反対で、書く・読むことが大の得意だ。ただ、幼少期から落ち着きがなかったという。自らの欲求が叶(かな)わないとパニックになって泣き叫ぶ姿に、親は、大学病院や心理療法の専門家を訪ね歩いたという。

ある先生に「自閉症では」との指摘を受けてから、「療育(治療教育)」の日々が始まった。やがて大学で心理学を学び、「支援者」の立場にもなりたいと、国立障害者リハビリテーションセンター学院へ入った。私生活では、インターネットサイトを通じて知り合った、やはりアスペルガーである夫と結婚。『アスペルガーの館』(講談社)という本にその半生を綴っている。

かつて村上さんは、ほかの子がなぜ音読に苦労しているのか全然わからなかったそうだ。教室で立って音読するのが大変なひとの心がわからない。その姿が、周囲からは「威張っている」と思われたらしく、逆にいじめにも遭ってしまう。一方、聴覚過敏で、絶対音感があるため、自身がくたびれているときには、他人の声までが音階に聞こえてしまうという。花緑さんとはまた異なる形の「非定型インテリジェンス」をもったひとだ。このように、世の中の見方、見え方が異なる人たちが、私たちの住む世界にはたくさんいて、そんな彼らが私たちと同様、日々を生きているのだ。

感覚知覚特性で異なる世界の見え方

つまりこの世の中には、実は多分に生まれつきの神経構造の違いから、感覚知覚がかなり違い、世界の見え方聞こえ方が違う人たちがいる。ちょうどそれは、それぞれ違う色のサングラスをかけたひとが、目の前のテーブルの上に盛られたフルーツの色を討論しているようなものかもしれない。これがふだん意識されないのは、「ふつう」発達上の「定型」とされる多数派または平均に近いひとのものの感じ方や見え方に合わせ、社会の物事やルールが決まっているからだ。だから、「非定型」とされる少数派でなければ、あんまり問題と感じない。けれども、少数派の感覚知覚傾向をもつひとにとってはまったく違う世界となり、しかも、発達障害といっても村上さんと花緑さんのように、その知覚の特性の強みも弱みもずいぶん違うのだ。

そこで今、最も正直に私が感じていることは、「誰もが自分の感覚知覚・認知特性に基づいて世界を見ているのだ」ということだ。そしてそれがさらに高次の認知特性の多様性へと発展する。

たとえば「自閉スペクトラム症（ASD）」。医学的には、外から観察できる症状を中心に診断していく。これは仕方ないことに見える。でも結局どうしても「何ができない」「これができない」というような、「ソト」から見た症状からの結論になってしまう。つまりそのひとの行動や表現という「アウトプット」から、そのひとの中身を判断している。ところが、彼らがどんなふうに世界を見ているのか、どういうふうに情報をとりいれているのか、そうしたそのひと固有の「インプットモード」の違いは重要視されない。認知の基礎となる、インプットモードまで考慮してこそ、ニューロ・ダイバーシティなのだ。ほんとうは教育や職場などの現場では、そのひとのインプットとアウトプットモードの両方、また認知の特性の強みと、弱い点の両方を知り評価することから出発すべきなのだ。インプットモードの違いを知らず、たとえば激しい感覚過敏がある子どもに、ただ、教室に座っていられないという結果だけを矯正しようとしても、それは子どもにとってトラウマになってしまう場合がある。

ここで、与太郎を評する花緑さんの言葉が、私の脳裏にリフレインし続ける。

「台詞を追って見てみると、少しだけ頭の足りない、愚かしい者という解釈ですが、会話の揚げ足を取ってみたり、つまらない洒落を言ってみたり、実は頭の回転がいいんです。（中略）そんな与太郎が長屋の輪に入ることができている姿に、僕は一番の江戸の多様性を感じるんですよ」

不確実な未来のためのダイバーシティ

たしかに、ある文化や考え方の枠組み（フレーム）のなかでは、常識はずれと思われる行動や性格・心のくせが、別のところでは賢いことだということはよくある。実にバカバカしくても、それにこだわって一生懸命やっていくひとが、これまで見たこともなかったような新しいモノを生み出すこともある。シリコンバレーに目を向けてみれば、それは一目瞭然だ。逆にいえば、そんな精神がないとそこでは成功できないかもしれない。そんな彼らは、「非定型インテリジェンス」と呼ぶべき才能をもった人たちなのだ。

地球の生態系は、多様な種があることで相互に支え合い安定する。一方で、予想もしないような進化が、多様性があることで起こったりする。組織も同様だ。均質な人びとだけのほうが一見効率がよさそうだが、同じような発想を繰り返し続けて突破口にたどり着けず、進化することができないことがある。

文化にしても、生物にしても、多様性が確保されていれば、未来に向けて、どんな新しい価値が生み出されてくるかわからない。ちょっと変わっていても、他の人たちに迷惑をかけなければ、それを許せる社会のほうが、きっと一人ひとりの生き方としてもラクなはずだ。社会全体としても、「愚行」を包摂する道が、実は人びとの気持ちを楽にするだけでなく、社会集団としても「賢い」選択であるのかもしれない。

さらにいえば、未来のために有益であるのか否かの是非さえ、こだわる必要があるのだろうか。へたに今の視点で未来になにが有益かを「判断」することが正解になるという保証はどこにもない。笑いとともに「こんなヤツがいたって、いいじゃない！」。そんな落語的精神が、ここで結構役に立つかもしれない。

落語が人気の芸能として生き残ってきたのは、日常生活のなかに「面白さ」を発見したことだ。それを見逃さない花緑さんの言う「笑い目利き」みたいなひとが江戸にいたからだろう。そのタネを、さまざまな落語家が無限のバリエーションに富んだ「物語」へと育て上げてきた。でも、その昔「噺」を未来に残そうと考えていたひとはなかったろう。おそらく、そんな意図はなく、噺家たちは、目の前の客がもっと笑うように、とただ必死に芸を磨いていたに違いない。

実は、科学や学問の世界でも似たことがある。そう言ったら唐突に聞こえるだろうか。研究者が「これは面白い！」と強く思うことに、燃えるような好奇心に導かれるのを「キュリオシティ・ドリブン」研究という。それが結局、長い目でみると、文明を予想もしなかった形で豊かにしてきていることがある。ゴールを決めての研究ももちろん重要だが、それは現時点の科学技術の基準で、有用性を推し量っているのだが、何に役立つかわからないけれど、「面白そう」という好奇心に導かれた基礎研究は、あとになれば思いもかけないブレークスルーにつながるかもしれない。だからそうしたスタイルの研究もあっていい。いやむしろ必要なのだ。

たとえば、今、私がこの原稿を書いている「プリンストン高等研究所」という場所だ。かつてアインシュタインが在籍した森のなかの研究所として有名だ。初代所長アブラハム・フレクシナーが豪腕で、社会に役立つ医学校を設立することを考えていた富豪の篤志家を説得し、「キュリオシティ・ドリブン」の基礎研究の研究機関へと方向転換させた。今も「役に立たない知識の有用性」という創立以来のモットーを標榜している。その結果、この小さな研究所で教授やメンバーとして在籍した人びとのなかから、ノーベル賞受賞者が34人生まれ、数学のフィールズ賞にいたっては全60人のうち実に42人もが、この研究所の出身者だ。

花緑さんのお話を聞いていたとき、そんな科学研究の世界を思い出した。これは「面白い！」と日常生活で思ったことを突き詰めて、笑いにした落語が、結局、時代を超えた人間の普遍性に到達し、人気のジャンルとして今も繁栄している。何が未来のために役立つかなんて、誰にもホントにはわからない。不確実な未来のためにダイバーシティが大事なのは、生物の種の多様性でも、文化の多様性でも、またニューロ・ダイバーシティでも同じことなのだ。

ネットワークから「パブリック圏」へ

拙著『美と礼節の絆――日本における交際文化の政治的起源』で展開したのは、歴史社会学として、ネットワークと文化、アイデンティティの生成について実証的に、つまり歴史の現場を観察すること。そして同時に、それを理論の両方から、日本の歴史を見つめ直してみようというプロジェクトだった。

社会のなかには、さまざまなレベルで人間や組織の繋がり方としてのネットワークが存在する。ビジネスでも、どんな社会の局面でも、豊かなネットワークがあることで多様な考え方に触れることもでき、発想力の拡大や何かを成し遂げる助けとなることは、現実世界で日々奮闘している方がたには納得いくことだろう。だとすれば、社会的ネットワークは一つの「資源」だと考えてはどうだろう。社会学などでは、ネットワークのことが「ソーシャルキャピタル」(社会資本)と呼ばれることもある。ネットワークは活用の方法によっては、すごい力を発揮する「キャピタル」(資本)なのだ。

これを歴史分析に応用すると、たとえば江戸の連や組、講などといった自発的かつ横の人間関係を結んだ、ゆるいけれど逆説的に強い繋がり方が人びとの生活を豊かにしていた江戸の組織文化は、日本という文明にとってひとつの大事な「社会資本」だったと言っていいだろう。こんなふうに、歴史をネットワークの構造から見ていくやり方が私の社会学的方法でもある。

ところで私はこれまでなべて「人格」とか「個」と呼ばれるものは、統合性のある首尾一貫した実在だという通念は神話にすぎない、という前提からアバター的人間観について語ってきた。それはそうなのだが、その人間観の肝は、単に自分のなかに複数の「アバター」がいるということにとどまらない。「私」というものの世界のなかでの成長のありかたは「相互依存的」かつ「発展経路依存的」――つまり時間を旅するなかで、他者や環境と交差するなかで「動態」として生起する。実はこう観ると、どうしても複数のアバターが自分のなかにあることを前提とせざるを得ないのだ。ネットワークが交差するような出会いを日々繰り返すことで、さまざまな分身としてのアバターを育てていき、その旅路の記憶自体が自分というものを構成している。

そうすると、ネットワークが交差してそこにさまざまなアバターが生起する「場」とはどんなところなのか。それを掘り下げる必要がでてくる。

そこで、私はさらに「パブリック圏」という概念について提示した。人間一人ひとりは、社会的な繋がりから、脳のなかの神経ネットワークまで、さまざまな種類のネットワークの塊のようなものだ。私は社会のなかでいろいろな人びとを交差させてコミュニケーションの圏域をつくるパブリック圏というものを考えていた。

「パブリック圏」とは何か。序章でも軽く触れたが、私の定義としては、さまざまなネットワークが交差してコミュニケーションが起きる場所である。新しいアイデンティティが形成され、変化が起きる場所ともいえる。「パブリック圏」自体は、仏教でいう「空(くう)」の世界に過ぎない。つまりそこに物理的な形が――あってももちろんいいのだが――必ずしも存在する必要はない。そこでは、ネットワークが交差する「可能性」がある圏域があるだけだ。縁があればその場にいろいろなことが生起する。だがいろいろなひとや考え方に出会って、「パブリック圏」を形作るのは主体としての人間である。そういう「場」が物理的な場所として、または制度として存在していることによって、ネットワークの交差が生まれる。ひととひとが出会う場、制度としてのパブリック圏をつくるひとは社会に変化を起こすことができる。

たとえばかつて「井戸端」はどこにでもあった。そこでは女性たちを中心に、おしゃべりが花を咲かせる。井戸端はそうしたコミュニケーションが繰り返しおきる場所だったから、井戸端会議という言葉も生まれた。インフォーマルだがパワフルなパブリック圏だ。俳諧やその他の文芸の組織も、そうしたインフォーマルなコミュニケーションの「場」となる「パブリック圏」の形態だった。井戸端が水道に取って代わられ、やがて新聞やテレビなどマスコミュニケーションの時代へと移った。しかし現代ではその井戸端会議にあたる小さなインフォーマルな交流の場が、SNSなどのインターネット上に移動して繁栄している。どのようなところで、最も活発なコミュニケーションの圏域となる「パブリック圏」が発達するか、また、そのパブリック圏相互の関係がどう発達するか。それは、その時代によって異なり、社会の構造や文化全体に影響を与える。

「パブリック圏」としての「ニューヨーク公共図書館」

具体的な例にそって考えてみよう。そんな「パブリック」を体現するような場所がニューヨークにある。「ニューヨーク公共図書館」（ニューヨーク・パブリック・ライブラリー。フレデリック・ワイズマン監督による同名のドキュメンタリー映画が19年に日本でも公開された）という。私はそこで「パブリック圏」について思索を深め、『美と礼節の絆』はそこで書き上げた。パブリックの典型のような市民に開かれたこの図書館について紹介しながら、「パブリック圏」という概念についてもう少し深く考えてみたい。

『美と礼節の絆』の英語の原著は、"*Bonds of Civility*"という題でケンブリッジ大学出版会から出版された。直訳すれば「シビリティ（市民的礼節・市民性）の絆」とでもなるだろうか。シビリティは、日本語にぴったりはまる言葉がないが、さまざまな文芸・芸能に関わるようなサークルのネットワークが中世から江戸の世まで、いかに日本人のシビリティに影響を与えそれを涵養してきたかについて論じた本だ。

その英語版原著を私が書いたのが、ニューヨーク公共図書館の「学者と作家のためのカルマンセンター」だ。最近20周年を祝ったこの研究センター自体は、カルマン夫妻という大富豪の寄付でできた施設と制度で、私は幸いそこの第2期、2000年にフェローに選ばれ、1年間大学の教務から自由になった。この歴史ある図書館の、まるでヨーロッパの宮殿のようにもみえる堂々たる石造りの建物の一角に設けられた、フェローのための書斎にひきこもって、ただひたすらあの本の原型を書き上げたのだ。カルマンセンターの十数の書斎には、学者や小説家、詩人などがそれぞれこもっていた。その真ん中に、居心地の良いソファがいくつも置かれた共用ラウンジがあり、お茶を飲みながらフェローたちが読書やおしゃべりに興じることもあれば、ランチも供された。図書館の高い天井を支える大理石の柱の影から、ふっとゴーストでも出てきそうな夜中まで、私はそこで働いた。外に出ると、冷たい風のなかエンパイア・ステートビルディングが青くイルミネーションに輝いていた。贅沢な時間だった。結果分厚い本になってしまったが、ありがたいことに、それが出版されると米国で5つほどの出版賞を得た。ロンドンの文芸・書評誌『TLS』（タイムズ・リテラリー・サプレメント。ロンドン・タイムズ紙の別冊）や科学雑誌『サイエンス』などに長い書評エッセイが出た。たっぷりと研究・思索と執筆に時間をかけられたおかげだ。この素晴らしいセンターを設立した人びとの努力をありがたく思っている。

これは米国社会の強みでもあるのだが、カルマン夫妻に限らず、大富豪が私財を投じて公共に意義のある事業に寄付をする伝統がある。カルマンセンターというパブリック圏の一員となったおかげで、私はさらに大きなコミュニケーション圏域に出合えたわけだ。

この図書館は「パブリック」という言葉のそもそもの使い方を体現している場所なのだ。ニューヨーク・パブリック・ライブラリーは、もともと19世紀に何人かの大富豪たちの力で、つまりプライベートなマネーで設立されている。つまり「官」製ではない。今は市や州などの税金も投入されているが、歴史的にも実態的法的にも富豪たちのプライベートなお金で設立された「私立」であり、「市立」図書館ではない。日本では、「公」「パブリック」といえば「政府や自治体」の資金、運営という意味がまず頭に浮かぶが、そういう意味合いはここにはない。公共の利益のために設立されたからパブリック図書館と名乗り、誰でもアクセスできるという意味で「パブリック」なのだ。つまり市民が（富豪だけれど）市民のために造った図書館なのだ。歴史的にこの図書館はニューヨークの街の「シビリティ」を育てる結節点でもあったといえよう。

19世紀、ニューヨークの富豪たちは、ニューヨークという当時まだ荒っぽい新興の大都市に、図書館という知の「パブリック圏」をつくろうとした。彼らにどれほど未来へのビジョンがあったかはわからない。しかし結果として、そのリーディンググルームにはかつてこの街にやってきて何のツテもお金もないさまざまな人たちに、人類の知の遺産を惜しみなく開放する場所となっていった。私はこの「私立」である公共の場、そこに設けられたカルマンセンターのフェローシップという制度がもたらしてくれた時間のおかげで、「パブリック圏」という概念を生み出した。それは偶然ではなかったかもしれない。

ニューヨーク公共図書館のような、制度として確立された場は、もちろんさまざまな社会的ネットワークの交差を喚起する。しかしそれほど制度化されていない、泡のように儚(はかな)い街角やデジタルの世界でのちょっとしたひととの出会いも、ひとつのコミュニーケションがおきる小さなパブリック圏といえる。同じ「パブリック圏」でも、権威はないが生きとして面白い「隠れ家」のような「パブリック圏」もある。この図書館はひとつの制度化された公共空間なのだが、私が言うパブリック圏はそのような制度空間を含みながら、もっと見えにくいさまざまな認知ネットワークを交差させるコミュニケーションの領域も視野にいれている。

たとえば、この図書館の天井画と木彫に囲まれた美しいローズ・リーディンググルームを見渡すと、そこには過去の有名無名のさまざまな著者たちが、人生の時間の一部をちぎり

老若男女が訪れるニューヨーク公共図書館ローズ・リーディングルーム。この街のパブリック圏だ。撮影・日詰千栄

取って、ページの中にぬり込めた本が並んでいる。地下には巨大な書庫の本が、請求されるのを今や遅しと待っている。私はそのゴージャスな空間に身を置くと、過去の著者たちの息苦しいほどの認知回路の集積が、見えない電気の火花を放っているように感じる。だがそこは、今を生きる老若男女の読者が来ており、その人びとの思考の回路と、こうした本に込められた過去の著者たちの認知ネットワークがスパークする場所だ。無数の思考の「パブリック圏」が、目に見えない形で毎日そこには誕生している。巨大な予算を抱えるニューヨーク公共図書館は、私の定義するさまざまな社会的認知的な

ネットワークが交差する「パブリック圏」――それもかなり大きなスケールの制度として――そのものだった。そしてそのなかに、カルマンセンターのような小宇宙としてのパブリック圏や、毎日そこで本と対話することで読者の頭のなかに生まれるミクロの脳内パブリック圏を抱えている。そんなマルチ・バース（多元的宇宙）だった。

「自分」感覚には歴史がある

私たちの自己形成は、さまざまなネットワークをスイッチしながら、さまざまな「パブリック圏」に身を置きつつ、その出会いの旅路の行程に大いに影響されながら、人ごとの個性を作っていく。つまり社会学などでいう「相互依存的」かつ「経路依存的」に自己形成をしていく。

発展経路依存とは、社会や文化の分析にも個人の発達にも応用できる。個人の心について言えば、要するに身体に深く刻まれた「自分」感覚の記憶には歴史があるということだ。その歴史とは、発達の過程であり、さらに自分がどんなひとの「アバター」と出会い、自分のなかにどんな分身を育ててきたかということでもある。その経路・タイミングが大事なのだ。いくつか育った自分のなかの「アバター」は、人生の時期によって重要さの度合いやそれぞれの進化の度合いが違ってくるだろう。

自己形成を相互依存的とか、経路依存的なんていうと、大仰な言葉と思われるかもしれない。けれどもこれは世界を観察するとき結構便利な概念だ。たとえば私はそんな言葉をテコにして、落語の噺の巧みさに気が付かされた。

前章の花緑さんとの対話でも話題になった落語の「粗忽長屋」（88ページ）。そそっかしい「八」が道で見た行き倒れの死体を、同じ長屋の「熊」だと思い込む。長屋に帰ってあれはおまえだ、と「熊」に面と向かって言いつのる「八」。初めはそんなばかな、と思っていたのに、お前は前に死んだことがないからわからないんだ、という「八」の勢いに影響されて、だんだん自分は死んだと思い込む「熊」。「八」のそそっかしい行動、「熊」との対話のおかしさのディテール、そしてひとつひとつの経緯を生き生きと描写することで、バカバカしさにリアリティがでてくる。そして人間の一生も結局そんなものかも、となんとなく笑いとともに納得させてしまう。その語りの力技――祖父の五代目小さんが得意としていた「粗忽長屋」は、実に演じるのが「難しい」のだと、花緑さんは述懐していた。これは「八」というキャラクターが、みんなを巻き込むコミュニケーション「渦」を作りあげるプロセスを、その経緯を一つひとつ活写しないと、この一見ばかばかしい話にリアリティが出てこないからだ。

落語には筋立てが面白いというよりそこにいたる紆余曲折「プロセス」を語ること自体に醍醐味があり、そこに人生を感じさせるような噺が少なからずある。自己形成も、どんなひとと出会い、どんなアバターを育てたり乗り換えたりしてきたか、という紆余曲折の経路と切り離せない。もっといえば、「私」とはこうした自己形成の旅路の記憶と物語そのものなのだ。

ある自閉スペクトラム症のひとと話していたときのことだ。彼女は、もし将来自分の自閉症を治す薬ができたとしても飲みたくない、と言っていた。これはもちろん「自閉症は生まれつきのもので、それ自体が自分の個性だ」というニューロ・アイデンティティの政治的な主張だ。ただ、もう少しそれを彼女の気持ちにそって敷衍すると、これまで彼女はさまざまな場面で、対人関係や自分の感覚過敏を飼いならすのに苦労してきた。それは大変だったけれど、今ではそうした自分の心身を飼いならす方法をマニュアル化して覚えたので、無意識の記憶になっている。そして彼女のそうした努力の歴史は、実は彼女そのものであり、それを失うことは自分を違うものにしてしまう、ということだ。かくもアイデンティティの形成は、相関的であるのみならず、発展経路依存的（path dependent

development）なのだ。
　私は、こうして自分自身も人生のなかでさまざまなひとに出会い、経験の幅を広げるなかで、自分のなかの「アバター」は心のなかに複数潜在しているが、さまざまな事象、とくにひとととの出会いで触発されて発現してきたもので、その歴史こそが自己そのもの、と考えるようになった。ひとととの出会いはさまざまな形のネットワークに導かれ、またその新しい形成を促すものだ。つまり私が「アバター」と呼んできた分身の発現と、パブリック圏は、深く相互依存的に繋がっている。

人生を豊かにする脳内の多様性

自分の外には広々とした社会的なネットワークが広がっているが、実はわれわれの脳のなかも複雑な多次元のネットワークそのものとなっている。人工知能のパイオニアのひとりといわれたマービン・ミンスキーはこう述べている。

　なにがわれわれにインテリジェンスをもたらす魔術かって？　そんな仕掛けなんてものはない。知性の力とは我々の内なる多様性から生じるもので、そこに完璧な一つ

の原理なんてない。（*The Society of Mind*, p. 308）

脳内の内なる多様性は、人生を豊かにする力であり、自由の根源だ。「自由」という名の旋律が、ダイバーシティというビートにのってこそ、心に響く音楽になるというのは、脳のなかでも同じなのだ。どんなひとも人生を思いっきり楽しみたいと思っている。ひとつの狭い自分に閉じ込められるのはいやだ。社会的に求められる役割も果たしたいが、そのほかに音楽を楽しんだり、趣味の世界に浸ったりする自分もいる。ただ好きなものだけ食べていても飽きてしまうことがあるように、いかに好きなものでも、そんな「アバター」だけで自分を規定されるのはつらいかもしれない。自分の体だって、ラクをしたいときもあれば、追い込んで何かのスポーツを習ってみようというときもある。矛盾する自分に悩むことはない。その両方があるのがふつうなのだから。

自分を定義する権利は本来、自分だけだ。だから、どう定義してもよいのだけれど、そんなふうに「パブリック圏」ごとに違う自分の「アバター」たちが立ち上がるのだから、それを仮面と考えるのはお勧めできない。私なら、ちょっと疲れてしまうだろう。その場その文脈では、それぞれの「アバター」は真実そのものなのだ。よい映画を見たとする。

その世界に没頭し、ちょっと涙もろくなるかもしれない。いつもは泣いたりしない。でも、そんな自分を仮面と考えるひとはいないだろう。それは対人関係でも同じこと、そのとき出てきた「アバター」はそのときの相互作用に触発されて出てきた真実なのだ。多種多様な「アバター」を発展させながら、生きるということは、自分のなかのダイバーシティをより豊饒(ほうじょう)なものにして豊かな可能性を生きるということでもある。

創発するアバターと自由

ちなみに、世界を複雑系のネットワークとして見る考え方は、ミクロの物理的世界から、ニューロという脳神経科学の世界、人間の社会のありかた、生物のエコロジー、さらに言えば宇宙空間の研究にまでも応用ができる概念だ。宇宙は複雑性にみちているが、人間の頭のなかも、それ以上に多次元の宇宙のような複雑性の深淵(しんえん)がひろがっている。人間という生き物に、思いっきりズームインしてみよう。器官、細胞組織、細胞、細胞器官、分子、原子、クォーク……。実に多数の複雑なネットワークの込み入った集合体だ。だから複雑性のネットワーク分析は宇宙物理学から脳神経科学、生物学から社会学・情報工学まで、最大限のマクロから最小のミクロの世界まで応用範囲はひろがる。私たち自身も、一人ひとりがネットワークの塊だ、ということは前に述べた。

その世界を多次元の複雑系のネットワークとして考えるとき、一つの避けて通れない現象がある。ネットワークが複雑に交差するとき、そこに「創発」という現象がおきる。創発特性（エマージェント・プロパティ）とは、複数の要素があつまって、大きなシステムや組織を作るとき、個々の足し算では測れない、新しい性質が現れることをいう。たとえば「意識」という問題を考えてみよう。それは私たちの脳の無数の細胞が電気化学的に作り出した信号に基づいていることは間違いない。でも、そう言ったところで、人間の意識の何がわかるというのだろうか。そしてそれは、そうした下部のネットワーク構造から浮かび上がってくるものなのに、一旦それが出来上がると、そこに思いもよらぬ独自の機能や特性が生まれるので、それを下部の構造に単に還元しただけではわからない。つまり自己とか自我といわれる意識は、創発され、それ自体電気化学的な信号であるにもかかわらず、それだけでは説明できない性格をもつ。私たちは、さまざまなパブリック圏で自らのネットワークを他者と交差させながら、刻々と自分のなかに分身を生じさせている。私はそれを「創発する『アバター』」と呼びたい。

ネットワークの規模や密度、複雑性が増していくことと、「創発」の関係を知るためには、アメリカの物理学者でノーベル賞の受賞者でもある、P・W・アンダーソンのシンプルだがわかりやすい定義がある。それは「増えれば変わる」というものだ。

アンダーソンによれば、「有意の量的変化からは必ず、有意の質的変化が生まれていく」。ちょっと難しい言い方だけれど、つまるところは、こういうことだ。水の分子の量がほんの僅かならば、それらが行う相互作用は比較的小さい。けれど、多数の分子を寄せ集めれば、質的に異なった現象が出現する。低温なら分子の全体集合は固体の氷の結晶を形成するし、温度を上げれば氷が解けて水となり流体となる。さらに加熱すれば蒸気となる。このように、自然界では、ある状況のもとでは単純な土台の上に、新しい現象が現れる。

実は、これと同じことが、人間の内部でも起きている。人間もまた「増えれば変わる」。つまり「エマージェント・プロパティ」(emergent property＝創発特性)という現象が起こっている。私がこの言葉とともに描こうとするのはこうした世界から立ちのぼる、ダイナミックな諸関係として現れる流動的な社会、自己のあり方である。その観点から言うと、エマージェントという英語はもともと「現れる」という平易な言葉なのだが、ダイナミックな語感があり、「創発」というぎこちない日本語訳より私は好きだ。

人体は、多数の複雑なネットワークの込み入った集合体であると述べた。そしてその一つひとつのレベルが「創発特性」をもっている。たとえば細胞の研究をしただけでは、その上位概念である消化器官や心臓それぞれの特質の理解はできない。内なる「複雑系」のある上に、人間の「複雑系」の結節点があり、そこに人間がいる——ということになる。つまり、「ウチ」と「ソト」、それぞれの「複雑系」の結節点上に蝶のように軽やかに止まっているのが、私たち人間なのだ。ネットワーク的な人間観は、本当の自己とはなにか、を探る玉ねぎの皮を剝(む)くような自分探しの対極にあるが、そこには社会の側にも何か普遍の価値や抽象的な構造といったエッセンス(本質)を措定しない。

「構造」をゆり動かすパブリック圏

しかし、人間はその生きてきた道のりに、経路依存的にさまざまな社会的ネットワーク、発達のなかで培ってきたさまざまな条件、認知的経験の束とその記憶を、ずるずると引きずって生きている。一般的に経路依存的にひきずってきた社会的または記憶「構造」に逆らって何かをなすのはそんなに簡単なことではない。だからときどき私たちは、心理的に人生のどん詰まりに入ったような気がして悩む。社会的なしがらみに悩むこともあるし、他者が自分に貼るレッテルにそれは違うだろう、とムカッとしたりする。一体どうしたらそんな行き詰まりから自分を変え、素敵な分身「アバター」を創発することができるのだろう。

そのキーワードはまさに「パブリック圏」にある。

どのコミュニケーションの場を選ぶのか。それがないのなら、どんなコミュニケーションの場をつくるのか。昔のような生まれ落ちた場所や地位から動くことがそんなに簡単でなかった時代とは違う。情報もネットでかなりのところまで、どんなひとにも手に入る時代になった。だから、たとえ10年家に引きこもっているひとであっても、昔とは違い、世間の情報はネットやテレビからかなり入ってきている。もちろんそれで十分というわけではないが、自分の好みに合うような、どんなパブリック圏に参入するか、これは個人にとってかなり選択の余地があるし、決断の問題だ。「パブリック圏」とはコミュニケーションの「場」であるから、自分が厭だなあと思う所とは付き合わなくてもよい。無理をして参加していると、自分も好きになれない「アバター」が育ってしまうかもしれない。もしすぐに離脱するのが無理な場合はさらりと水のような交わりに止め、とりあえず他のネットワークを開拓し、そちらでの「アバター」を育てて、生活の比重を移動していけばいい。江戸の俳諧の「場」のように好きな仲間をつくって、そこに合った「アバター」をつくっていく。この、「『アバター』をつくる」ということ自体が「創発」だ。「パブリック圏」は変化が起きる領域だといえる。その場で、何かしら行為を起こすことによって、新しい「創発」が生まれるのだ。こうした結果、新しい「アバター」が、自分の脳のなかに育ち始めるようになる。「アバター」は自己の中身の問題だ。そのように、「パブリック圏」を「選択する」にも、自分の納得する「場」ができないのならば、自らで「つくる」ことにすればよい。どんな「パブリック圏」を構築していくか。自らの勉強のためにつくるのか。ご近所仲間をつくるのか。そうしたことで、「自分と他者」の距離を、自分自身が決めていくということに繋げていくのだ。

お江戸の「パブリック圏」から現代のデジタル「パブリック圏」へ

もしも、隠れ家的な「パブリック圏」と社会的カテゴリーを横断するような、柔らかい「ひとの繋がり方」、そして、アイデンティティ形成の「場」を、この現代に求めるとしたら、そこは、どこになるだろう——。言うまでもなく、そこはインターネットウェブの世界だ。社会学者としてアプローチするにあたって、とりわけ私は、自分が見つめ続けてきた、あの江戸時代のように、自由に仮名を使いながら、各自が自分でない名前を駆使し、

著者のアバター「キレミミ」(左) がいる隠れ家研究所「La Sakura」のオフィス。右の２人はやってきた著者の友人。

自分とは異なるアイデンティティに則り生きている世界に着目した。そう、それが「アバター」だった。

この画像の左側に座っている女性。彼女は私の「アバター」だ。

「セカンドライフ (Second Life)」という「アバター」たちの集う仮想空間に、約12年前、私の「アバター」は誕生した。この画像の右側にいる2人は、私の友だちで、ここの場所はバーチャルワールドの私の隠れ家研究所「La Sakura」というオフィスだ。この場所を拠点にして、私は「アバター」の活動を始めたのだ。

このウェブ上の「アバター」の世界では、それを双方が望むならば、「アバター」同士が自由に会話を楽しむことができる。フェイスブックやツイッターのようなSNSとは違い、同時にログインしたひと同士だけが、自分のアバターを介して交流できる。だからまるで俳諧や茶道の世界のように、�きいっときの一座をともにする世界だ。もちろん、世界中に散らばった「アバター」たちは、皆が一堂に会すわけではない。それでもこのセカンドライフというウェブをベースにしたサービスは、その最盛期の2006~07年ごろにはおよばないが、いまだに同時にログインするアバターが世界中にいる。アバターたちはひとりであちこちのサイトをめぐるのもいいのだが、だいたいしばらくすると、いくつかのお気に入りのグループに属するようになる。「弱い絆の強さ」そのままに、どこの誰とも知られないアバターのネットワークができるわけだ。アルコールは飲めないけど「ダンスパーティをするんですよ」なんていうグループはたくさんある。でもたとえば、スピリチュアルな事象に興味を抱くグループ、サイエンスフィクションの世界のような宇宙空間で太極拳をするグループ、あるいは「禅」のグループ、なんていうのもある。

そんな「アバター」空間を回遊するうちに、「自閉スペクトラム症」の人びとがつくる当事者会という素晴らしいグループに私は出会った。当時、大学院生とともに、ずいぶん数多くのグループを調査していた私だったが、そのなかから、障害者のグループを30ほど

仮想空間のアバターたちの自閉スペクトラム症当事者会。いろいろな発言があり、いろいろな価値観が披露される一方で、黙って座っていることもできる。

ピックアップし、そこを通じていろいろと活動するようになった。最も長く調査したのは、後述するが「自閉スペクトラム症」の当事者会。ほかにもたとえば「パーキンソン病」のグループ、脳卒中を経たひとたちのグループなど、とにかくいろんなグループが存在していた。

やがて私は「アバター」となって、自閉症当事者グループを軸にすえて研究を続けるようになった。その方法は至って単純だ。とにかく黙って座っているだけだ。最初に、グループに加わる許可をいただいた。それからは、ずっと壁に止まったハエのように（たまには喋（しゃべ）るが）、じっと彼らの声を聞く。週1回2時間、研究助手のスタッフや大学院生の力も借りながら、かれこれ8年も続けた。

この頻度、それから2時間という時間。私はいつも驚くのだが、このグループの中心人物が素晴らしい司会者なのだ。こういうグループに入れていただいて、いろいろな話を聞くようになって、私なりにいろいろ発見をすることができた。

誰もが自分の感覚や知覚の特性、そして生まれ育った文化や価値観を通じて、世界を認識している。それはちょうど目に見えないバブルのなかに入ってお互いコミュニケーションを取ろうとしているようなものだ。目に見えないバブルのなかに入っているのは多数派も同じなのだ。しかし、多数派同士では感覚知覚、価値観などに共通項が多いので、のほほんとしていればそれで済んでしまう。ところが発達障害があるひとの場合、社会に出たときに多数派と世界の感じ方が異なるケースが多いので、他者とさまざまな軋轢(あつれき)を体験せざるをえない。けれども、そのせいで自分のものの感じ方、見方を見つめ直さざるをえないことが多々ある。だから、その自己や他者への観察眼はなかなか鋭いものがある。それがこのグループの人びとの話をきいているうちに、神経構造の少数派の人たちの生の声を聞くことができ、私にとって目を開かせてくれた素晴らしい経験だった。

ところで「アバター」の仮想の世界では、アバターの顔貌(がんぼう)、身体の見え方を自分でコントロールすることができる。ジェンダーを変えることができれば、動物にもなれる。将来はVRテクノロジーの進化によって、自分の触感などの身体感覚までコントロールすることができるだろう。ただ、現在の仮想世界における「アバター」では、表情やジェスチャーが充分に表現できず、またそれを読み解くことも難しい。今のところの仮想技術では、受け取る情報の引き算がおきている。ただこれは誰にとっても同じ。言葉以外の世界、表情やジェスチャーなどの社会的合図を読み解くのが苦手なひとが多いと言われる自閉スペクトラム症の人たちには、これはかえってプラスになる。つまり、そこで図らずも、定型発達のインテリジェンスをもつ人びとと、非定型の人びとの間で「コミュニケーション・モードの民主化」が起きている。そこでは少数派のひとが無理に多数派に合わせる必要がない。安全な距離を取って、「アバター」という分身で空気を読んだり忖度したり、ということから解放されるのだ。というわけで、私のかなりぎこちない「アバター」も彼らの一員であることが不思議ではないし、また彼らも、もっと自由に定型の人びとと交際することができる。

ちなみにこの「アバター」として交際するなかで、江戸の多様性や交際文化について思いを致すことも多かった。何しろこの仮想世界には世界中から同時ログインする何万人も

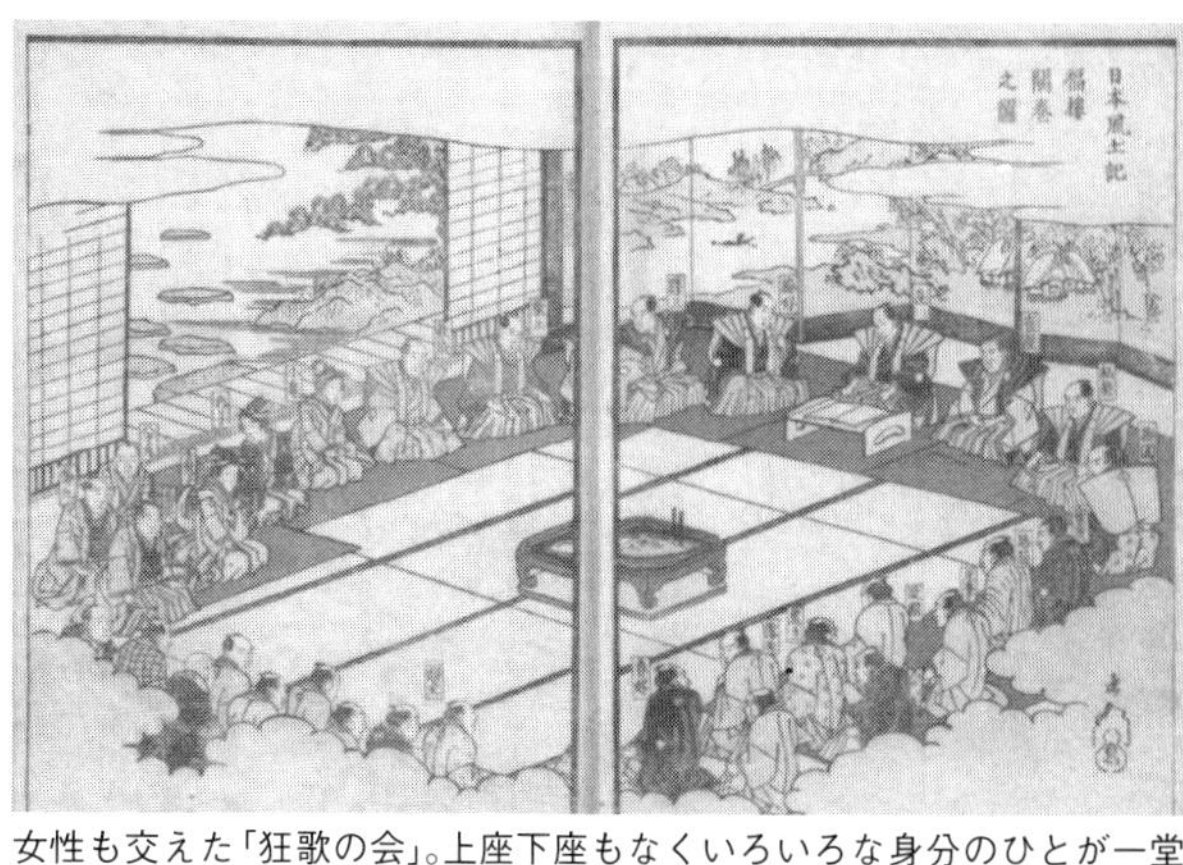

女性も交えた「狂歌の会」。上座下座もなくいろいろな身分のひとが一堂に円座になって狂歌をつくっている。『狂歌日本風土記』大英博物館蔵

のひとがいて、それらが決まったシナリオルールに基づくゲームをするのではなく、まるで村か町のように、さまざまなグループを作っているのだ。円座になって瞑想（めいそう）をする「アバター」のグループから、詩のグループまである。

『美と礼節の絆』のなかで紹介した絵がある（『狂歌日本風土記』）。これは一見しただけで、いろんな身分のひとが一堂に会していることがわかるだろうと思う。女性も3人座っている。狂歌のグループだ。それに、彼らが円座になっているということはつまり上座下座の区別なく、上下関係が存在していないという象徴でもある。こうした世界がオモテの堅い秩序体系の裏にあったのだ。仮想世界のアバ

ターたちのグループが円座になって瞑想しているのを見たとき最初に思い浮かべたのは、この江戸の隠れ家パブリックの世界だった。

そこでは、横山崋山が描いたような仮面の「お祭り」的な自由さも、もちろんあった。いやそれ以上かもしれない。何しろ祭りの仮面や衣装だけでなく、仮想社会では顔やボディまで何にでもなれるのだから。そしてそこには実に多様な人びとが集まっていた。神経構造のダイバーシティのみならず、自分の社会的に決められたジェンダーに疑問をもっているひともいた。さまざまな宗教のひともいた。私も、黒いベールを脱ぎ捨ててカラフルな花のような衣装で語るサウジアラビアからログインしているという女性と話したこともあれば、ユダヤ教の「仮庵（かりいお）の祭り」を祝うアバターたちに紛れ込んで、一緒にバーチャルの小屋をつくったこともある。思わぬネットワークが広がる一期一会の世界。それは私にとって、もうひとりの崋山が描いた「厚木」の宿だった。

こうしてさまざまな人たちと話し合うなかでも、「アバター」の仮想世界の力を借りて、自分とは異なる認知特性をもった人びとの世界を覗（のぞ）かせてもらうことができたのは、私にとっては一番印象深い経験だった。彼らが歴史的条件のなかでどう生きてきたか。その社会史の分析と、チャット（会話）の分析を通じての自閉圏の住人たちの主観世界を、『ハイパーワールド』に記したのが、3年前。さらに、そのなかから個人のプロファイルに焦点を当てて深めたのが『自閉症という知性』だ。

これらの本に登場するのは、成人になった自閉スペクトラム症の方たちだ。その主観的な経験世界を、できるだけトータルに教えていただいた。「トータル」という意味は、よいことも悪いことも、美しい世界も、本当につらい世界も、すべて含めて教えてもらうということだ。私は医者でもセラピストでもないので、いわゆる症状だけを知りたいわけではない。

文化的・社会的に、どういう場面で社会との接点に困難を感じているのか。また美しいと思うことや熱心にできることは何か。それを、仮想テクノロジーを借りて知りたい。認知科学や脳神経科学が素晴らしい発展を遂げているので、そうした分野も学びつつ、彼らが話していることの意味をどう解釈したらよいかを考えた。リアル空間においてもインタビューを重ねた。

かくも深き「アバター」の世界

ある「自閉症アバター」の言葉をここで紹介したい。自閉スペクトラム症とは、米国で

2013年に改定されたＤＭＳ－5という診断マニュアルによれば、コミュニケーションや社会的相互交流に問題があることが症状の中心といわれる。しかしある「アバター」が言うには、「われわれは他者の心がわからないと言われるけれど、他人の心がわからないのは、お互いさまだ。定型発達（発達障害でない）の人たちも僕たちの心はわからない。発達障害も定型発達も、お互いさまだよ」。

こんなふうにも言っていた。「『普通のひと』たちに知ってほしいのは、僕たちの感情を読み取れないにしても、僕たちにそういう感情がないわけではない、ということだ」

多くのひとは、人間が他者の感情を読み取る際、どれほど複雑な心理的予測やプロセスを経ているか、きちんと理解してはいない。そして、もし他者の心を直感で察することができるなら、その瞬間、心が繋がった――と感じるだろう。「普通のひと」は、自分の気持ちの表現が上手とは言えない自閉症当事者の感情を読み取れない。そうなると「感情がない、ソウルがない、心が繋がらない」と思ってしまう。

「でも、箱の中が見えないからといって、中身がないことにはならないでしょ」

私は、「アバター」の放った言葉に深い感銘を受けたのだった。

安全な距離感を保ち、「アバター」という「仮面」＝「分身」を用いる、このコミュニケーション手段は、どんなひとにも合うとは言わないが、このグループの彼らにとっては、とても有効なメディアとして機能している。だから8年も毎週続いているのだと思う。

「ひととの共感がうまくないのが自閉スペクトラム症の特徴」という意見があるが、この世界において、彼らは充分に共感し合っている。現実世界でもいつもそうだと言っているわけではないが、少なくとも「アバター」の彼らは非常に共感し合っているように私はとらえている。

当事者の方がたと会話を重ね、いくつかの大事なトピックについてまとめたり、プロファイルをまとめたりしているうちに、あっという間に数年がたった。そのうちに私は、どうしても彼らに実際に会いたくなってしまった。「分身」の人格や個性についての研究と並行し、その奥深さに魅せられた私は、やはり本人に会いたくなったのだ。円座で話を重ねるうち、私はそのうちの何人かに、「現実世界の私」の自己紹介を記したうえでアポイントを入れるようになった。

そこで注意すること。それは、とにもかくにも、ご本人の特性に合った環境に出向くことだ。そして、自分らしい言葉、言語で語ってもらう。ただ、流暢(りゅうちょう)に話してくれるとは限らない。「むしろ書き言葉の方がよい」というひとがいれば、長いこと往復書簡のようなメールでお話を聞いた。「絵を描いた方が伝わるかも」というひとだっていた。ともあれ、彼らには、自分が大事だと思っていることについて、まず自分のやりやすい方法と自分のペースとで表現してもらった。それを、とにかく時間をかけて受け止めるようにした。そのひとが「視覚優位」なのか「言語優位」なのか。認知特性の多様性が明らかになるだけでなく、それらがいかにその彼らの個性を形作っているか、研究と考察を重ねるうち、次第にそれはわかってきた。

●ラレさんという男性の例

彼はワイオミングの山の中に住んでいて、「熊よけスプレーあります」とのステッカーが入り口に貼られたスーパーマーケットの店員として18年勤続している（調査当時）。彼は巨大な店舗がガランとなる深夜から朝までの勤務時間帯を好んで働いている。感覚過敏があるし、客からのリクエストが錯綜（さくそう）する昼間の勤務はきつい、とのことだった。彼にしてみれば「現実の世界のほうがゴチャゴチャしている。仮想世界はきちんとしている」ということなのだ。彼はこう話していた。

「定型者は、（僕の意見と）反対だと思っているだろうね。だから、僕の世界なんかバカバ

ラレさんの迷宮には、130もの仮想の部屋がある。そのひとつ「アリスの不思議の国」へのオマージュ。トランプの迷路がどんどん崩れるので途方にくれる著者アバター。

カしいと思っているだろうね」

彼は当事者会でも言葉をあまり話さないが、優しくて大変な知性があるひとだった。ワイオミングのとても簡素なアパートの部屋を訪ねてみると、5台の年季の入ったコンピューターを、自分の回転椅子のまわりに置き、5つの「アバター」を駆使していた。

そもそも彼に興味を抱くことになったのは、ある日、チャット中に彼がこう言い放ったからだ。

「僕の世界をそんなに知りたいのだったら、僕のうちにおいで」

彼は仮想世界のなかに、彼だけの迷宮をつくっていた。入り口は三角ピラミッドの上。中には、実に130もの部屋が存在している。その

ラレさんの「光のトンネル」。吸い込まれるような美しい色のなかを進もうとする著者のアバター。

130もの部屋を、彼は一つひとつ見せてくれた。すべての部屋の訪問を終えた頃には、なんと4時間半ぐらい経過していた。そこは実に綺麗(きれい)な世界だった。色が美しい。『不思議の国のアリス』に影響を受けているため、トランプでつくられた迷路があったり、危険があったりする。歩いていくうちに、そのトランプがどんどん崩れていく。アーティスティックな感覚が漂っていて、ダリの柔らかい時計という作品へのオマージュの部屋もあった。そうかと思えば、『風の又三郎』のような風が吹いているように見える光のトンネル。そんな中で彼は「おいでおいで」と言うのだが、私はなかなか進めない。彼の部屋は、一つひとつが彼の経験とその脳内イメージそのものだった。

彼の認知構造は「視覚優位」、それもビデオを巻き戻すように3D(スリー)でものを考える。言葉や概念というより、ビジュアルなイメージを積み重ねて思考を深めていく。ただし、それは網膜に映るものという意味での「目がいい」というわけではない（あまり視力はよくない）。むしろ脳のなかで、視覚が彼の思考と独創性の基礎単位になっているようなのだ。3Dの世界を動きのあるアートで表現できるこの仮想世界では、私が迷い込んだような迷宮になるのだった。私はため息をつきながら、彼に尋ねた。

「どうしてこんな美しいものができるの？」

「要するにさ、ただ座りながら自分の考えをビジュアライズ（視覚化）するんだ。それって、すごくリラックスするし、インスピレーションが降ってくる感じなんだ」

彼は作曲もしており、実は仮想世界ではカリスマDJでもある。トランスミュージックというジャンルが好きで、瞑想的な音楽を作曲する。障害者に限らず世界中のさまざまな「アバター」が彼の仮想世界のパーティ会場にやってきて、そのなかで踊っていた。彼が、まるで独白のようにつぶやく。「ここは平和だ。みんなに音楽のなかに入り込んでもらいたい。踊るというよりまるで飛ぶように――」

けれども、その夢の世界が終わってしまうと、身の回り品の入った小さなプラスチックのレジ袋をさげて彼は深夜のバス停に出向く。まだ仕事の開始までは二時間ほどはある。だがさらにもうひとつバス路線を乗り換え、小一時間かけて勤務先のスーパーへ向かうのだ。距離的にはそんなに遠くないのだが、彼は車の運転ができないのである。

脳は空より広大だ

米国の19世紀のフェミニスト詩人に、エミリー・ディキンソンというひとがいる。白雪をいただく山脈を望む緑の深いワイオミングの丘で、ラレさんと静かな会話を楽しみながら、私はこの詩人の一節を思い出していた。

The Brain is wider than the Sky.

脳は空より広大だ。
両者を比べてみれば、後者は前者に含まれる。
いとも簡単に。

そして、あなたも、一緒に。

彼女はひたすらニューイングランド地方の緑深い村アマストで、発表するあてもない詩を書き続けた。彼女はアスペルガーだったと言われ、孤独を愛し、対人関係ではひどくぎこちなかったという。そして当時の常識とは異なる、賛美歌の韻律を使っていて、そのころは彼女の詩の真価を誰も認めるひとがいなかった。けれども、今は「フェミニスト詩人のパイオニア」として、その韻律も、当時の「決まり切ったもの」に収まらないものをつくる力があったということで、米国の国民的な詩人となっている。最近彼女の伝記映画「静かなる情熱　エミリ・ディキンスン」が日本でも公開されて、少しは名前も知られるようになった（テレンス・デイヴィス監督　17年日本公開）。

彼女の外面は、孤独で内気・頑固な異質のひとのように見えたらしい。だが外見だけではその心はわからない。家の外に出ることもあまりなかったが、彼女はラレさんのように、自分の心の迷宮を深く旅していた。彼女は実は、自分の心のなかに複数の心の小宇宙があることを鋭く感じ取っていたのではないかと思う。そしてその心の複合国家の「首都」を彼女は　エモーショナルな「ハート」だと言う。一つひとつ心のドアをノックしてそっと開け続けるように、彼女は詩を書き続けた。彼女の世界は狭いが、かくも深かった。

私はディキンソンの難解でミステリアスな詩を、ラレさんに会った後やっと手のひらで温め解凍するように、少しは愛でることができるようになった気がする。それはラレさんが心のドアを一つひとつ開けてくれたおかげだ。それがなんともうれしかった。

ディキンソンのような天才たちのことを十把一からげにして、「アスペルガーだ」「高機能自閉症だ」などと短絡的に言うつもりは毛頭ない。逆にアスペルガーと呼ばれてきた（２０１３年に米国で診断基準が変わり、この言葉は最近の診断では使われなくなってきた）高機能自閉症の人たちが皆天才だと言っているわけでもない。むしろほとんどが違うし、障害に苦しんでいるひとが多い。けれども、たとえ社会的に困難を抱えている人たちのなかにも彼らの「知性」の一部に、紛れもない力、強さを含む場合があり、それが、「ソト」からだけでは見えない場合がある。社会的にどう見えるか、という外見の現象と、心のなかの経験は一致しないことがある。表面的なそのひとの「社会的見え方」、「アウトプット」だけでは測れない、心のなかの豊かな世界。信じることを貫く強さ。その鋭い、普通ではない感覚。その一方で普通のひとが簡単にできることが難しくて、疲れ果ててしまったりすること。鋭い感覚の反動は、情報の過剰負荷によるメルトダウンになること。

ちなみに「視覚優位」といっても、フラットな写真的な記憶のひともいる。そんなひとは写真のような記憶を、数字や出来事などを覚えるのにも使っている場合が多い。同じ視覚優位といってもラレさんのように3Dの感覚をもつひとは、モノが立体的にわかるということだ。そんな能力で建築やプロダクトデザインなどの分野で活躍するひともいる。そういえばラレさん、デジタルアートのような3Dの迷宮を仮想世界に「建築」したのだ。ただ、そうした強さが常にプラスに働くとは限らない。写真的記憶が、トラウマの記憶と結びつくとフラッシュバックが起きてしまい、悪い記憶から抜け出しにくい。つまり、ある「非定型インテリジェンス」が社会で活きるのは、いわゆる「才能」の強みだけの問題ではなく、さまざまな要件が幸運にも重なった場合だけだ。

発達障害を語る場合に使う認知における神経構造の多様性「スペクトラム」という言葉には――それは専門家が一生懸命考えて使った言葉ではあるのだが――、どちらかというと「帯」のようなイメージを抱くひとがまだ多いような気がしてならない。私たちは皆、認知特性のスペクトラム「ニューロ・ダイバーシティ」のどこかにいる。その神経構造の多様性は、「全球的」であると思うのだ。

「全球的（グローバル）」、それは、いわば地球儀のようなイメージだ。生きとし生ける全員が——もちろん私自身も含めて皆が——、この「全球的スペクトラム」のうちのどこかにいて、自分らしいインテリジェンスのテリトリー（圏域）を形成している。その圏域は、どこかの部分が、非常に突出して優れていたとしても、他の部分が短いかもしれない。国境線なんかとは関係なく、ある部分がのびていたり縮んでいたりする「アメーバ」のような図が浮かび上がるだろう。それは、地球儀の上に気圧配置や降雨量とかシロクマの移動範囲、といったさまざまなカテゴリーの地図を描いた地球儀を考えてほしい。そのように、人間の認知特性も、その山や谷の形もいろいろだし、何がどう得意かも違う。ともあれ、そんなアメーバのような形の知の圏域を抱えた個人たちが、球体のどこかの地平に、さまざまな形の自分らしさという影をひきずって、すっくと立っている。ただ、その特性を現す位置が、大まかに言って多数派であるのか、少数派であるのか。ただその一点だけで、現実世界での生きにくさは、百倍にも一万倍にも増大してしまうのだ。

「アバター主義」でマルチ・バースを泳ぐ

今日もまた、凄惨なニュースが流れている。
そして、過度のストレスで塞ぎ込み、漆黒の思考から抜け出せないひとがいる。

職場、学校、そして家庭。この現実世界において、ひとたび人間関係が破綻したり、深刻な問題が起こったりすると、その途端、この空間だけがすべてと思い込んだ人たちは、追い詰められ、鬱屈し、感情の行方を見失って、なかには極端な行動に出てしまう。「私がどうしてこんなことに」「なぜ、うまくいかないんだ」

でも、ちょっと待ってほしい。江戸を回遊し、「アバター」の深い世界を覗いてきた今ならば、「何もその場所だけに留(とど)まることはない」のだ。でも「ここでも別のところでも、とにかく動いてみると別の自分が育つかもしれない」という可能性に、きっと気づいてくれるはずだ。誰もが複数のアバターを豊かに生きることができる。なにかを捨てないとそれができないのではなく、人生にはそのときに見合った複数のアバターたちの「割合」というものがある。「アバター主義」という見方は、そんな風通しのよい自己観へと導いてくれるかもしれない。

江戸の世界において、秩序という名の頑迷な「タテ」の糸を縫うようにして、しなやかにタペストリーを織り上げていった、「隠れ家パブリック圏」という名の「ヨコ」糸。あの時代には与太郎もいれば、粗忽者もいた。この現代においても、実は同じであるはずなのだ。もしも江戸期を生きていたら「無筆」と呼ばれた人びとに近かったかもしれない、天才噺家の柳家花緑師匠、そして、美しき迷宮を築き上げた「視覚優位」のラレさんだって、今を生きている。ラレさんは、ただひたすら座って別の世界をビジュアライズするという、ほとんど「只管打坐（しかんたざ）」の世界を思い起こさせてくれた。花緑師匠も、ラレさんも、私たちとともに、生きとし生ける者すべてが立つ多様な神経構造をもつ「全球」の上のどこかにすっくと立ち、皆、どこかで繋がっている。高座に出向けば、そしてネットの海に飛び込めば、そんな一人ひとりの素晴らしき多彩な才能に触れられるという、かつてない幸運を、私たちは今、享受しているのである。

それから、過去の天才といわれるようなひとたち——、宗教的天才、芸術的異才の話に耳を傾けてみるのもよいだろう。そういうひとのどこかに「非定型インテリジェンス」の匂いを感じ取ることができるかもしれない。彼らは言語外の何かをバイパスにして、ダイレクトに世界を語っている。そういった世界を知ることで、いかに自分が言語や既成概念にとらわれて世界を見ていたのかを、まざまざと知ることになるだろう。私自身も、彼らの世界観をかいま見て「私は本当に世界を見ていたのか」と思うような経験が何度もあった。

だから、もしも視野狭窄（きょうさく）に陥ってしまった場合には、その思考回路からいったん自分をリムーブしてみる。現実世界だけでも、自分という人間が、実はいろいろな「場」に生きていて、ちょっとずつその「顔」の表情を変えながら、さまざまな「パブリック圏」の一員として立っていることに、きっと気づくはずだ。この社会のなかを、さまざまな「パブリック圏」を泳ぎゆく「分身」として、しなやかに自己の個性を成長させていく。自分の内面にある「ダイバーシティ」、つまり認知特性の多様性を見出し、探し求めていく生き方が、実は個性を育む手段として、これからもっともっと注目されてよいのではないか。

いわゆる「定型発達」――つまり大多数の人たちこそが、自分自身の認知特性について無自覚であることに、そろそろ気づいてもいいはずだ。彼ら「非定型インテリジェンス」の人たちのモノの感じ方、見方を知ることによって、自分自身にも「気づき」が生まれてくるはずだ。誰のなかにだって「非定型インテリジェンス」の「アバター」はいるはずだから。

「まあいいか」と他人を許す愚行権

ここで「愚行権」という言葉をもう一度思い出してみたい。もともとはイギリスの政治哲学者、ジョン・スチュワート・ミルが「自由とはなにか」を論ずるなかで語られた言葉である。これは、何が自分にとって幸福かは、本来他人よりも自分こそが一番わかるはずだ、という仮定から出発する。だから責任ある個人がすることは、他者に危害を与えるようなことがない限り、本人が一番よいと判断してがんばっているならば、たとえ愚かに見えても、他者がなにかを強制すべきでない、ということになる。

この自由論について単に「自己責任論」ではないか、という批判もある。しかしこの自由論の背景にある、他人には本人の幸福の判断は完全にできない、という不可知性の出発点について言えば、実は、もっと取り入れたほうがよい考え方かもしれない。

米国でかなりネガティブなイメージをもたれている言葉に、「あのひとはジャッジメンタル（ひとや物の見方について、なにかとネガティブに決めつける癖のこと）」という言い方がある。自分の倫理や視点を中心に頭から他人や物事を、ネガティブに判断する、という意味だと思う。そんなジャッジメンタルになるより、他者を知ることはとても難しい、という前提、そこからまず出発してみる。つまり評価の判断を一時停止して、「あれも、まあいいか」と思える社会のほうが、おたがい気が楽に暮らせるはずだ。

「愚行権」の概念が、神経的多様性を含む、さまざまなダイバーシティという枠組みと結びつき、その上で他者の行動を一元的なモラルで判断しないという社会風潮に繋がるといいと思う。そういう意味の愚行権は、今の日本でこそ必要とされている視点かもしれない。それは寛容の精神に基づくと同時に、他者を知ることの難しさをも知る、という「謙虚」さなのではないか。ひとの言動の目的や意味がわからなくても「まあ、いいか」と許し、長い目で見ようと見守る心の余裕をどこかに置いておければ、お互い生き方はだいぶラクになれるような気がするのだ。

現代人の科学的な想像力は、宇宙の果てに想(おも)いを致すこともできるようになった。ところが、それに比べ自分というものはわからないし、まして他者を知ることには限界がある。それはソクラテスの時代から変わらない。そこが私たちの実在の滑稽さでもある。

他者への不可知性——それは、ひとのなかにどんな複数の「アバター」が潜在しているのかがわからないということにもなる。それが最悪の「アバター」として自分にぶつかってきても、他のひととはまったく別の「アバター」として存在している可能性がかなり高い。逆に、あのひとはいいひとだとずっと思っていたのに、別の面を知るひとの話を聞いてびっくりすることもある。自分の心も同じだ。あのひとにだけはどうしても、自分でも嫌いな「アバター」が出てきてしまって自分でもうんざりする、ということもある。

たとえ神様であっても、固定的な視点からのすべての面を見ることはできない。サイコロの目を同時に見ることは誰にもできないのだ。見えない部分は、自分の既存の知識から推測しているだけだ。自分のなかの「アバター」をすべて見通せないのも同じことだ。しかし、本当の自分のアバターは「パブリック圏」という場のなかで、他者との交流のなかで、自然と出てくる「エマージェント・プロパティ（創発特性）」としての分身なのだ。

SNS上で、繋がりを瞬時に求められる言葉の飛び交う世界に生きながら、「他者」と「自分」との距離感に疲れてしまっているひと。「自分らしさ」を模索しながら、「どれが本当の自分なのか」と考え過ぎて、つらくなってしまっているひと。いやな自分が出てくるような人間関係から脱出できないひと。そして、「自分探し」の毒素にやられてしまっているひと。「スマートフォンを投げ捨てる」という選択肢が与えられていない現代。その私たちだからこそ、ラクになれる特効薬、それは「アバター」の概念を自分自身の行動に採り入れることだ。

ひとつだけじゃない、いくつもの「アバター」が、私のなかにはある。自分の分身としての「アバター」は、パブリック圏、つまり交際の圏域ごとに、独自に育っていくのだ。いやな自分の「アバター」が出てくるような「パブリック圏」から、簡単に離脱はできないかもしれない。けれども別の交際圏をひろげていけば、つらい自分の「アバター」でいる時間は相対的に減っていく。

「アバター」を乗りこなしながら生きていくという考え方が、私は好きだ。そのなかで自分のなかのいろいろな分身が育ち、そして花緑さんの言い方を使えば「マリオネット」づかいとしての自分も知らない間に豊かになっているはずだ。

ワイオミングの山の中で暮らすラレさんのことを、私がとても素敵だな、と思うのは、深夜スーパーマーケットで一生懸命働きながら、それだけが自分のすべてだとは、これっぽっちも思っていないところにある。彼にとってはデジタルで好きな世界を築いて、そのなかで活動するほうが「すごくリアルに感じる」のだという。彼の認知や感覚の特性にずっとマッチした世界だから、水を得た魚(うお)のようにそこが「リアル」なのだ。いろいろな「アバター」を使いこなしながら、彼はその人生を何倍にもして生きている。彼はユニバースではなくマルチ・バース(多元的宇宙)を生きているのだ。

落ち込むことがあっても、その世界だけがすべてじゃない。息が詰まりそうになったときには、一歩、その「場」から抜け出て、歩き出してしまえばよい。無理せず、固執せずに、どんどんスイッチしてしまえばよい――。できれば自分の「アバター」が誰かの「アバター」と交差するところで思わぬポジティブな影響を他者に与えられれば、なおよい。ほんの少しでも。実に多彩な恰好をしたひとたちの行き交う街の片隅で、私は強くそう思う。時には愚かだったと思うことでも、やってみればよいだろう。

自分や他者のジャッジメンタルになるより、他者にも「アバター」がいくつも育つことを認めよう。そして自分のマルチな「アバター」を理解してくれるような人たちと関係性を広げて、なるべく過ごしていくほうがよい。それこそ、「粗忽者」がいっぱい出てくる寄席に足を運ぶのもよし、江戸に原点をもつ噺を、熱心に覚えてきた花緑さんの姿に思いを馳せるのもよいだろう。世の中には思いもかけないような方法で世界を観ている人びとがいる。そんなことを知るために。

ひとつの空間に固執するべからず。自分のなかに豊かなマルチ・ユニバースと「分身」を確保すべし。

そんな「アバター主義」にシフトチェンジし、世界を回遊してみれば、きっと人生は少しラクになる。あなたも、私も。

第三章

江戸のダイバーシティ

田中優子

1　自分を多様化する生き方

江戸時代のダイバーシティ（多様性）というと、「そんなものがあったはずがない」と感じる方が多いと思う。しかし仕事の種類でいうと、サラリーマンが大半を占めるわけではなく、個人事業主とでもいうべき農業、漁業、林業、酒造業等々があり、商業は大店（おおだな）から小店（こみせ）、そして棒手振り（ぼてふり）まで、たいへんバラエティに富んだ規模で展開していた。

大規模店で多種類を売る方法ではなく、ひとつの店やひとりの棒手振りが、一種類の商品の専門家であった。飴（あめ）売りと飴細工売りは違う商売で、サンマ売りとイワシ売りは異なる人である。かぼちゃ売りというのもあって、急ごしらえでやらされる話が落語にある。すぐにできる仕事がたくさんあったようだ。目の見えない人びとがおこなう仕事の団体もあり、鍼灸（しんきゅう）、按摩（あんま）、音曲、そして学問まで、盲人なりの得意分野で活躍していた。

結婚制度を例にとってみると、今と違って夫婦別姓、夫婦別財産制であった。しかも婿（むこ）入り婚が今よりずっと多かった。夫婦が同じ姓でなくてはならないとされたのは、明治以降の西欧化の結果なのである。しかし夫婦別姓にも事情がある。中国や韓国が現在でも夫婦別姓であるように、家系が縦に継承されていくのだ。夫婦同姓が、家系を断ち切って完全に夫婦の単位を社会の単位にしたのであれば問題はなかったが、実際は結婚後の男性の家系に女性が組み入れられるかたちで近代の結婚制度が成り立ち、婿入り婚が次第に少なくなり、今日のような、選択的夫婦別姓すら成立しない日本社会が出来上がったのである。近現代が江戸時代を超えて多様性容認の社会になったとは、簡単には言えない。

もうひとつ事例を挙げよう。「末は博士か大臣か」という言葉が近代になってできた。これは身分制社会ではなくなって、競争社会になったからである。誰でもが博士にも大臣にもなれる、わけではないが、目指すことはできるようになった。しかしこれを別の側面から見れば、日本人全体の目標が極めて狭くなったということである。樋口一葉の作品や日記は、明治時代の立身出世のパターンを外（つまり女性のまなざし）から見ている。そこから分析すると「高等教育を受けて官僚や政治家になる」「そこそこの教育を受けて知識人になる」「教育は受けなくても金持ちや腕のいい職人になる」という三パターンに分類できる。このパターンが現在は十にも二十にもなったかというと、さほどでもない。「そこそこの教育を受けて知識人になる」の「知識人」が「サラリーマンや役人」に変わった程度だ。その結果、受験競争のなかでの偏差値によって人をランキングする考え方が固定化し、教育の変革がしにくくなっている。そのうえ極端な高齢化社会となり、資産をもっているかどうかで老後の生活が天と地ほどの違いになる可能性も出てきた。これは「金持ちになる」という目標に拍車をかけるかもしれない。

江戸時代はそれに対して、職業と身分と家が一体化した身分制社会で、武家と農家と商家では目標がまったく異なっていた。したがって身分間での競争は意味がなかった。相互に雇ったり隷属化したりということも起こらず、上下関係もない。だからといって互いに閉じているわけではなく、職人や商人になる武士も出現した。多くの農民が機織り(はたお)や紙漉(かみす)きで職人化し、それらのものを商うようになった。さらに都市で働くこともある。金持ちの商人や農民は幕末になると株を買うことで武士身分になることができた。ただしこれはメリットがないので、あまりはやらなかった。それよりも、市場経済が活発になったので、商人や職人や農民の意欲は、それぞれの仕事の工夫と発展として現れ、技術革新が多くなされ、ものづくりが活性化し、流通の面での経済成長率が非常に高い国になったのである。これは流動性と多様化の結果である。

ところで、本書で紹介したい江戸時代のダイバーシティとは、すべての社会的桎梏(しっこく)のなくなった全き自由のあるダイバーシティのことではない。そもそも現代日本を含め、高度に管理されている社会が何の工夫も手立てもなく自然にダイバーシティ社会になるわけがない。民主主義という制度が整っていても、一人ひとりの認識・行動・創造的努力なしに民主主義は実現できないのと同じく、ダイバーシティはまさに創造的意欲なしには立ち上がらないのである。江戸時代のダイバーシティは社会制度として多様性が容認されていた、というものではなく、身分制度下であるにもかかわらず、自分を多様化する文化が育っていたということなのだ。それは日本文化の一部であるから、私たちはそれを知り、使いこなすことができる。つまりここで言うダイバーシティとは制度としてのそれではなく、生き方としてのそれである。

法政大学は私が総長在任中の二〇一六年に「ダイバーシティ宣言」をおこなった。そこで、「ダイバーシティの実現とは、社会の価値観が多様であることを認識し、自由な市民が有するそれぞれの価値観を個性として尊重することです」と書いた。「認識」「尊重」という行動がなければ、ダイバーシティの実現はない。「性別、年齢、国籍、人種、民族、文化、宗教、障がい、性的少数者であることなどを理由とする差別がないことはもとより、これらの相違を個性として尊重することです。そして、これらの相違を多様性として受容し、互いの立場や生き方、感じ方、考え方に耳を傾け、理解を深め合うことです」とも書いた。「受容」し「耳を傾け」「理解を深める」という行動がなければダイバーシティは実現しない。この宣言の意味は、学生や教職員に対し、そのような認識、行動を大学は称賛し、それに反する行動は認めない、と言っているのである。法律や制度や罰則と同じくらいかそれ以上に、内面にある義（ただしさ・美しさ）の領域や範囲を変えていくことは、社会変革につながりやすい。ダイバーシティへの意識変革は、差別や排除を少しでもなくすことで、社会における無意味な対立やいさかいをなくし、新しい文化・社会資源を積み上げていくことになる。

そこで江戸時代のダイバーシティを振り返っておきたいのである。身分制社会のなかで、その社会およびその最小単位である「家」に縛り付けられている人びとが、どのように自分を多様化したか、考えてみたい。

私のなかの別人、あなたのなかの別人

私は大学生のときに江戸文学の研究を始めた。その契機となったのが、小田切秀雄ゼミナールで昭和十年代の文学作品を取り上げて発表する、という課題だった。そのときに石

川淳の『普賢』という作品を読み、石川淳に深い関心をもった。そこで古本屋で全集を買い込んで次々と読んだのだが、そのとき「江戸人の発想法について」というエッセイに出合ったのである。とにかく驚いた。

江戸に実在した都市伝説の登場人物で、佐久間家の竹という女中がいることから話は始まり、その竹が実は大日如来であるとされたことに話はおよぶ。そこまでは、ほかにも言及したものはある。しかし問題はそれをどうとらえるか、である。石川淳はこの都市伝説の背景に能の「江口」があることを示唆した。摂津の国の江口の遊女が、実は普賢菩薩だった、という話である。「江戸人はその夢を解いて、生活上の現実をもってこれに対応させつつ、新たな夢をそこに見た、と石川淳は書く。新たな夢とは、身近にいる「竹」という実在の女中が大日如来かもしれない、という夢である。そのことを、「江戸人にあっては、思想を分析する思弁よりも、それを俗化する操作のほうが速かったからである」ととらえた。江口は「歴史上の実在」、お竹はそれを俗化した「生活上の象徴」なのである。「眼をひらけばお竹、眼をとじれば大日如来」という「変相の仕掛」でもある。

「象徴」「転換」「変相」「操作」「仕掛」によって、ひとりの人間のなかに、二重も三重もの存在を読み込む。ただし必ず「生活上の現実」を対応させる「俗化」がおこなわれた、

石川淳『江戸人の発想法について』（1943年）の構造

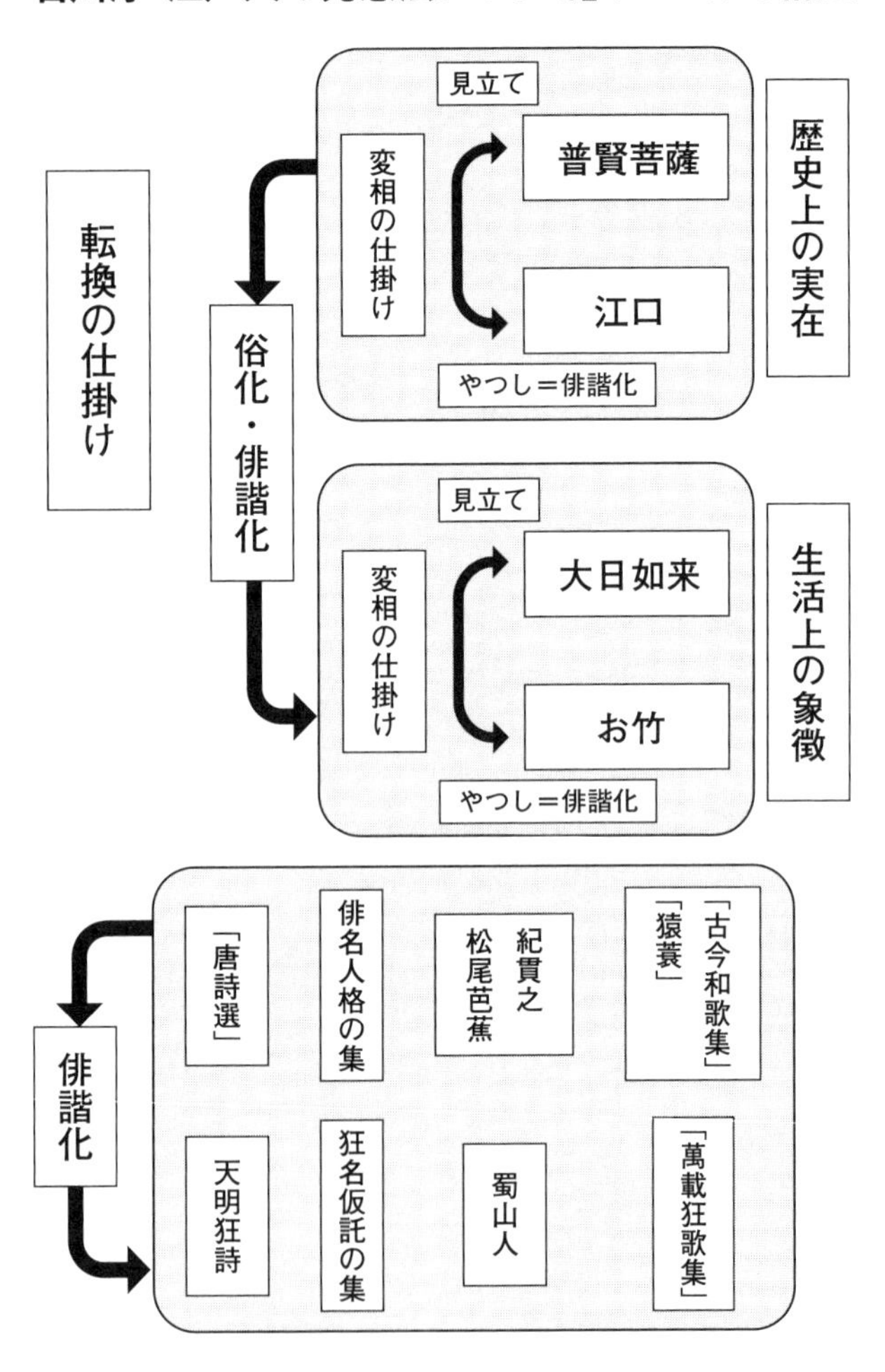

ということだ。これを「やつし」「俳諧化」とも、とらえた。

　そこから石川淳は天明狂歌の話に入る。天明狂歌は「狂名」を使う。これは俳諧の「俳名」や絵を描くときの「雅号」などと同じに見えるが、実は違う。かつてはその名のなかに作者が存在していた。しかし狂名のなかに作者は「不在である」と。狂名は、つぶりの光とか酒上不埒とか鹿都部真顔とか知恵内子とか、平安貴族めいたふざけた名前が基本だ。しかし石川淳は言う。「狂名がふざけていると、ひっぱたいてみても、作者はそこにいない」と。なぜなら天明狂歌師は「人格ではなく仮託だからである」と。

　これは、別の名前に仮託された別の存在。すなわちアバター（avatar）である。ここでようやく「アバター」にたどり着いた。

　大学生のころの私はアバターという概念でこれを考えていなかったが、ひとりの人間のなかに別の存在を他のひとが読み取る、というだけでも驚き、さらに自ら別の存在に自分を仮託して、そこから近代でいうところのアイデンティティをそっと抜き取る、という操作にもっと驚き、さらにその名前がいくつも作られることや、その操作をするのを誰も不思議に思わないで暮らしていることにも驚いた。一言でいえば自我観念がまったく異なるのである。彼らは自分探しなどおこなわない。自分を次々と作り出しながら才能を分岐させていくのだ。自分を探すのではなく創っていくのである。

「アバター」という言葉は映画の題名にもなった。もともとの意味はインド神話に登場するヴィシュヌ神が、十の異なる化身をもつことに由来し、その一つひとつのことをアバターという。この言葉は日本にも入り、日本語では「権化」とか「権現」とか「化身」と訳されていた。日本において決して新しい言葉でも、新しい考え方でもなく、古くからあったのだ。前述した江口は普賢菩薩の化身なのでアバターである。お竹さんは大日如来の化身なので、やはりアバターである。

訳語の違いを言えば、「権化」は仏菩薩が衆生を救済するために人の姿でこの世に現れたその人間のことだ。したがって江口やお竹は「権化」になる。一方、「権現」は仏菩薩が衆生を救うために、日本の神に姿をかえてこの世に現れることとその現れた神のことで、これは、仏教を日本に定着させるために神仏を共存させた際にとられた本地（ほんじ）垂迹（すいじゃく）という操作によっておこなわれた。八幡神、熱田権現、蔵王権現、熊野三所（さんしょ）権現などがそれである。

逆コースで、日本の神が仏や人間になって現れたのだ、と主張する人たちもいて、その形が「明神」である。豊臣秀吉はその死後、豊国（とよくに）大明神と名付けられた。一方徳川家康は寛永寺の天海が後ろ盾になっていたので、その死後、東照大権現と名付けられた。秀吉も家康も「実はアバターだった」と、死後にその真実が明かされた、というストーリーである。

アバターという言葉に意外な本で出合ったことがある。岡倉天心の『茶の本』だ。東洋と西洋が荒れ狂う海に投げ出された二匹の龍のように無駄な努力を続けている、と言い、この荒廃を修復するために再び中国の女媧（じょか）とインドの偉大なるアバターの登場を待っている、と書いている。ちなみに『茶の本』は英語で書かれた書物なので、複数の訳本がある。ある訳本では片仮名で「アバター」とし、別の訳本ではこれを「大権化（だいごんげ）」としている。「権化」「権現」は日本語で使われすぎていて、かえってイメージがわかない。ここはやはりアバターと訳したほうがわかりやすい。

「江口」のような能の演目はもちろんだが、私は『今昔物語』のなかにたくさんのアバターを見る。たとえば「比叡の山の僧、虚空蔵（こくうぞう）の助けによりて智（さとり）を得る語（こと）」という話がある。

比叡山のある僧は、学問の志はあるが遊び戯れることに心を向けて学問をすることがなかった。あるとき京都の向こう側にある法輪寺に詣でて帰りが遅くなり、帰る途中の京都で、ある家に泊まらせてもらうことにした。その家に美しい女性がいて、僧はついつい女性の寝床に入り込む。しかし女性は「法華経を覚えてそらで唱えられるようになるまでは従わない」と言う。僧は比叡山に帰り、女性に会いたいばかりに懸命に法華経を覚え、再び女性に会いに行き、そらで覚えた法華経を読む。そしてまた、寝床に入り込む。しかし女性は今度も従わず、学生（がくしょう）にならなければ会わないという。この学生とは学僧のことで、比叡山では一二年間にわたって学問を修めて初めて学生になれるのだ。しかしこの僧は遊び好きなのだが本気で学ぶと非常に優れた能力を発揮し、三年で学生になってしまった。そこでまた女性に会いに行く。今度は寝床に入り込むと、疲れが出て眠ってしまう。そして目が覚めてみると、そこは草原だった。衝撃を受けながら法輪寺に行く。そこで菩薩が夢に現れ、能力がありながら遊び惚（ほう）け、女性を追いかけるので、女性のアバターに姿を変えて仏道に導いたことを伝える。このような話はいくつも語られてきた。

石川淳の小説『普賢』も、その題名の意味するところは、アバターとしてこの世に現れるその「もと」になる普賢菩薩である。この小説の主人公は、クリスティヌ・ド・ピザンというフランスの最初の女性職業文筆家の伝記を書いている。ピザンはその生涯の最後に『ジャンヌ・ダルク讃』を書いた。そこで主人公はこのピザンとジャンヌ・ダルクを一緒に書こうとしている。

主人公はその二人を、中国の二人の僧、寒山と拾得の「見立て」だと考えている。そもそ

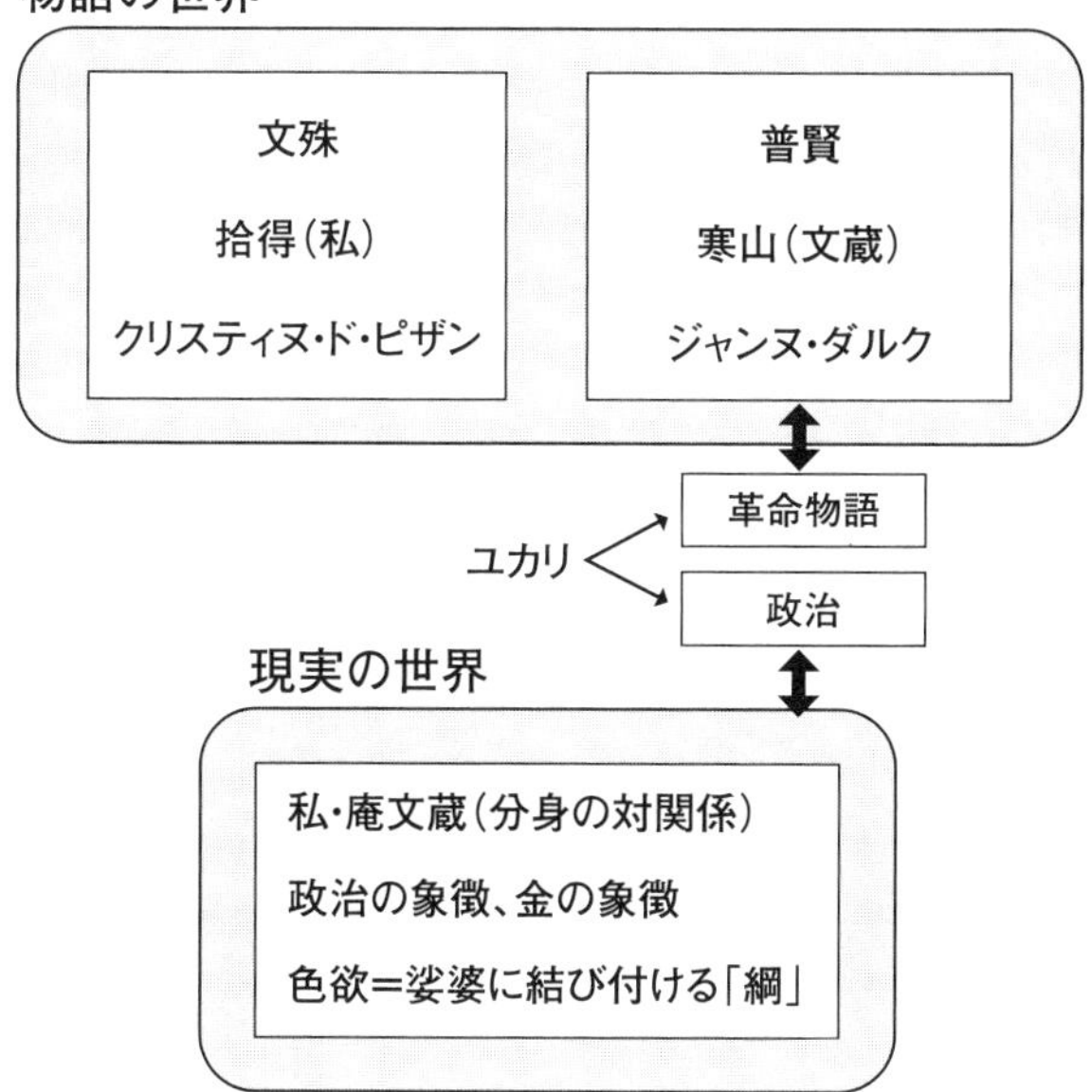

も中国では、巻物を持った寒山は文殊菩薩の化身（アバター）で、箒を持った拾得は普賢菩薩の化身（アバター）なのである。さらに寒山が詩人であることから、ピザンが寒山の見立てで、ジャンヌ・ダルクが拾得の見立て、ということになる。ということは、ピザンは文殊菩薩の化身（アバター）で、ジャンヌ・ダルクが普賢菩薩の化身（アバター）なのだが、同時に現実世界に生きるユカリという女性がジャ

ンヌ・ダルクの化身(アバター)なのである。『普賢』における現実世界の人間存在は、菩薩の世界と歴史とを串刺しにしながら、幾重もの存在として読み込まれ、まさに江戸人と同じ「俗化」の操作がなされている。全体としてその根幹にあるのは、「普賢とはわたしにとってことばである」という表現だ。現実の塵を拾得のごとくその箒でかき集め、クリスティヌ・ド・ピザンのアバターとしてものを書き続ける「わたし」は、その塵を「ことば」に変換することで普賢に出会うのである。

パブリック圏と隠れ家

このように、アバターは仏教や中国文学や古典文学を経て近代文学のなかにも流れ込んだ。いや、近代人さえも使いこなしてきた、と言っていいかもしれない。そしてついに、現代ではゲームとかインターネットにおけるコミュニケーションツールのひとつとして、ユーザーの分身となるキャラクターをアバターと位置づけた。これは日本やアジアだけでなく、世界中で起こっている。

しかし私のなかで歴史文化上のアバターとインターネットで使うアバターが結びついたのは、米国のニュースクール大学の池上英子教授の著書『ハイパーワールド　共感しあう自閉症アバターたち』（NTT出版）を読んだときであった。この本で「アバター」の活躍を目にしたとき、私は池上さんが以前に英語で書き、二〇〇五年に日本で翻訳刊行された『美と礼節の絆――日本における交際文化の政治的起源』（NTT出版）を思い出したのである。こちらの本は江戸時代社会を、社会学者として分析した著書だ。江戸時代には「市民的礼節」というものがあり、それを基礎にして「パブリック圏」すなわち「公の圏」が形成されていた、という論である。たとえば、次のように書く。

ある個人のアイデンティティーとは固定的で構造化された実在ではなく、パブリック圏における現実の、あるいは仮想の「他人」と接触することで形成され、改変され、絶えず切り換わっているのである。実際のところ、わたしが描こうと試みているのは、こうした世界から立ちのぼる、ダイナミックな諸関係として現われる流動的な社会である。

池上さんの言う「パブリック圏」とは、次のように定義される。

社会的あるいは認知的なさまざまなネットワーク同士が互いに交差する地点に出現するコミュニケーションの場である（もともとこの概念はわたしが英語圏で発想した社会学的概念なので、その原語はpublicsと複数形であることに留意していただきたい）。ひとりの人間も認知的、社会的、シンボル的なネットワーク群のアマルガム（混合物）を抱えている。だから人間存在はネットワーク群そのものでもあるのだ。

この「人間存在はネットワーク群そのもの」という人間観のなかに、後のアバター論につながる考え方が見える。そして、パブリック圏は、ネットワーク関係の「スイッチ」の場である、とした。日本人はあらかじめパブリック圏をつくったのではなく、個として、文芸とか振る舞いのなかでそれを積極的に利用しながら、自ら複数のパブリック圏をつくり、スイッチしながら使いこなしてきた、と分析したのである。

では近代におけるアイデンティティとこのパブリック圏の考え方はどのような関係にあるのだろうか。池上さんは「リンゴ性」「ミカン性」という、ひとがものを見るときのその対象物を例に挙げて語っている。リンゴとミカンを目の前に置いてそれをスケッチするとしよう。ひとは往々にしてその輪郭をなぞろうとする。しかし輪郭とは何か？　ものとその外の空間の関係である。絵画のレッスン方法のひとつにも、ものの輪郭ではなく、その外側の何もない空間をなぞる方法がある。この空間を池上さんは「ネガティブ空間」と名付けてみる。そして、

リンゴ性やミカン性は実際にはその対象物の輪郭だけで構成されているのではなく、存在の相関性のコンテクストを成すネガティブ空間と同時的に立ち現われるのである。人間のアイデンティティーも、他人との交流、他者との関係性のなかに立ち現われる。（中略）つまりパブリック圏とは、アイデンティティーの生成・改変の可能性がいっぱい詰まった関係性に満ちた圏域である。

これでパブリック圏とアイデンティティの関係は明確になった。池上さんはさらにそこに「隠れ家」という用語を入れる。

公的世界の外に、こうした気づまりな交際のルールが適用されない、さまざまな形の特別圏（エンクレーヴ）というか、「隠れ家」圏が存在し得た。（中略）ヒエラルキー秩

序とは公式にはつながっていなかったから、「隠れ家」パブリック圏と呼ぶことができよう。

この「隠れ家」こそ、江戸のアバターたちが住んだ場所なのである。ただしここで言葉を選んでいるように、「隠れ家」という言い方は人目を避けて隠れているからではなく、政治制度的ヒエラルキー、すなわち江戸時代においては身分制度として現れるそのようなヒエラルキーのらち外にあるから、そう呼んでいる。「隠」とはそういう意味にも使われる。たとえば「隠居」は、公的社会的組織から退いた存在を意味するが、人目を避けているわけではない。それと同じである。そして、「隠れ家」とアイデンティティと「パブリック圏」は以下のようにつながる。「美的探究のパブリック圏という『隠れ家』は、虚構的なアイデンティティーへとスイッチする束の間の私（わたくし）的な場」であったのであり、やがて「幕藩の封建制度下における立場よりも自分の『隠れ家』アイデンティティーのほうが内的な自己により深く根づいていると感じ始めた人びとが数多くいた」と。

しかしここで石川淳の言葉を思い出してみよう。「狂名がふざけていると、ひっぱたいてみても、作者はそこにいない」「人格ではなく仮託だからである」と石川淳は書いた。

そこには内的な自己さえもいない、という意味である。では「隠れ家における虚構的なアイデンティティー」と「狂名」と「アバター」は同じなのか、違うのか？　あるいはそのような問いに意味はあるのか？　それを考えるために、「場」をもう少し探ってみよう。

私自身は一九八六年に刊行した『江戸の想像力』（一九九二年にちくま学芸文庫）で、「連」という概念を前面に出した。「連」は「隠れ家」とほぼ同義であるが、「複数の人間で構成される」という条件があり、江戸時代の稽古文化全体を意味するのではなく、何らかの創造をする明確な目的をもった場である。私は連の特質を次の一〇項目で説明している。

1　適正規模を保っている。
2　宗匠（世話役）はいるが強力なリーダーはいない。
3　金銭がかかわらない。
4　常に何かを創造している。
5　人や他のグループに開かれている。
6　多様で豊かな情報を受け取っている。
7　存続を目的としない。

8　人に同一化せず、人と無関係にもならない。
9　さまざまな年齢、性、階層、職業が混じっている。
10　個人のなかに複数のわたしがいる。ゆえに多名である。

このなかの8にある「人に同一化せず」の「同一化」は俳諧連句における「付けすぎ」のことで、前の句とほぼ同じ境地を詠むことと、前の前の句に戻ることを意味する。俳諧ではそれらが禁じられている。連においては、俳諧と同様の関係が求められる。「人と無関係にもならない」の「無関係」は、俳諧における「離れすぎ」のことである。付けすぎを避けるために、あるいは自分だけ目立たせるために、前の句のいかなる要素も無視して、自分だけの世界に閉じた句を作ることを、俳諧連句は忌避する。

どちらも江戸時代の人間関係のありようの方法的象徴だ。そこでは「付けすぎ」と「離れすぎ」が忌避され、人は他との関係を絶えず流動的にその距離を調整している。池上さんがアイデンティティを「他人との交流、他者との関係性のなかに立ち現われる」としたように、連はその内部においても常にそれをおこなっているのである。

連のなか、すなわち隠れ家のなかでは、身分制度がない。家制度もない。年齢も職業も権威も問題にしない。俳諧、狂歌、狂詩、浮世絵、小咄（こばなし）、芸能等々、それが何であろうと、上手い人が一目置かれ、才能は好きなだけ磨けばよい。版元が目をつける場合もあるがそれもよし。本の刊行も連における行動であって、社会における行動ではないとされる。しかしそこは難しいところで、いったん刊行物として世に出てしまえば、実社会に波紋を起こすことはあった。

では、連のなかの個人と、連の外の個人とは、どういう関係になっていたのであろうか。

2 「家でないもの」から「別世（べつよ）」へ

私はそれを説明するために「家」と「家でないもの」という対称を使っていた。「家でないもの」とは、連（れん）や隠れ家をさすが、それ以外のさまざまな小コミュニティもそこに含める。

ここで留意しなければならないことがある。「家」対「個人」という対立は、江戸時代にはなかった。江戸時代の身分制社会をとらえる際に、「家や身分に抑圧された個人」という図式が使われてきた。しかしこれでは常に江戸時代のなかに「抑圧されている」人や状態を探しまわらねばならない。しかしそれはいったいどこで見つけられるのか？「私は抑圧されています」という言説は見当たらないし、それらしい鬱々とした表情を発見することも難しく、そのようなアプローチはだいたい失敗してきた。なぜならその図式は近代日本のものであり、近代における家と個人の関係に基づいているからである。

本章冒頭で述べたような近代の結婚制度は、夫婦同姓化にともなって「戸主」を定めた。戸主のもとに一八七二年、「壬申戸籍」と呼ばれる戸籍制度ができた。この制度には「戸主権」が定められた。戸主権は家族の居住を指定する権限や離籍の権限、復籍を拒絶する権限などをもつ絶大なものだった。戸主はほとんど男性であり、女性はそのような堅い家制度のなかに組み込まれていく。さらに血縁主義が強くなる。

江戸時代では家を存続するために、血のつながらない優れた能力の者を養子として迎えることは頻繁におこなわれた。実力と人気を支えるために、歌舞伎役者も世襲ではなかった。ところが近代では、伝統芸能をはじめさまざまなところで世襲がおこなわれ、縦のつながりを強くしていった。今でも政治家に世襲が多く、それをおかしいとも不平等だとも思わない。なぜか。家を天皇制国家の基盤に据え、国家のための個人を創り上げたのである。さらに、「個人」と「集団」、「個人」と「社会」という概念が欧米から入ってくると、実際はそのどちらでもなかった連のような実態は隠されてしまう。江戸時代に比較して多様性と柔軟性が失われ、ここに「家」と「個人」の対立構図が生まれたのである。

以上の事情から、江戸時代は「家」と「家でないもの」と表現するしかない。「家」とは、幕府の徳川家、約二七〇藩の各大名家、それらを筆頭とする武家、そして商家、農家、家元などである。身分制度とは家と職業が一致している制度のことで、農家に生まれれば基本的に百姓として生きていく。別の生き方も可能だったが、まず標準としてそうだった。なぜなら農家は水呑み（みずの）と言われる被雇用者でない限り、家が土地をもち、開墾して栽培、収穫してきた歴史があり、コミュニティのなかにしっかり位置づけられ、互いに協力し合うことができ、その土地に家屋を建てている。農家を捨てるということは、その有利な状況をすべて捨てることになる。

武家は給与そのものが世襲になっている。武士身分を捨てたり譲ったりするということは、約束されている生涯の給与を失うことになる。ただしこれは長子相続なので、二男、三男にはあてはまらない。彼らは男子が生まれなかった家に婿入りすることや、子どもの生まれなかった家の養子になることをめざし、それがだめなら兄の家の居候（部屋住み）

になるか、まったく別の仕事に就く。

商家は流動性が高いが、成功した商家はブランドとなり、その地盤や暖簾（のれん）そのものに価値が生じ、それを継いだり暖簾を分けられることがメリットとなる。

これらのメリットをもとに「家」は安定し、同時にその家における役割が定められる。個々のひとはその役割そのものが職業であり格であり、そこに大きな責任がともなう。結婚も家と生活を守るためにおこなわれるので、恋愛結婚のことを「浮気な結婚」と言った。家と生活のための結婚が真面目な結婚なのである。

しかし、そういう社会によってがんじがらめにされるだけの時代だと考えると、井原西鶴の小説も、近松門左衛門の浄瑠璃も、各地にいる歌舞伎好き、お祭り好きも、俳諧の全国的な広がりも、狂歌や落語や黄表紙（きびょうし）などのお笑いジャンルも、浮世絵や春画も説明がつかない。平安時代や中世の文化をもとに、新たな日本文化を次々と創造したその活気はどこにあったのか？　その創造の場が「連」であり「隠れ家」であった。すなわち「家でないもの」なのである。

「家でないもの」は連、社、会、座、衆、組、結（ゆい）、講などを挙げることができる。「座」は俳諧にも宮座にも使い、在所と都会と両方で使われる。「衆」もさまざまなことに使う。

組は若衆組や娘組、不幸組など集落で使うことが多い。結は屋根を葺く、風呂を共有するなど、協力関係を表現する。講は仏教の布教のための集まりだったが、その後は食事の集まりや旅行の集まりなどに使うようになった。以上の言葉は集落で使うことが多かった。そして「連」は狂歌集を作ることから始まって、やがて多様な創造に使うようになり、「社」は漢詩創作などの結社に使い、「会」は浮世絵、落語その他創造的なありとあらゆる集まりに使うようになった。以上は都市で使うことが多かった。遊郭、芝居、浄瑠璃などの芸能の場も「家でないもの」になるが、それらから派生した本を書くこと、編むこと、刊行することも、作者にとっては「家でないもの」の活動だった。

しかし「家でないもの」とは、単に「家」を否定しているだけで、家のまわりの茫漠とした世界をイメージする。さらにここで言っている「家」とは、建物としての物理的な家だけでなく、世間、実社会、社会制度など、人間が生きるためにかろうじて作り出し支え続けている、社会システム全体を意味しているのである。ひとは人間としての身体を維持するために社会システムを作り、そのなかで何らかの位置を占めて生きていく。それ自体を否定することは、死ぬことを意味する。江戸時代の人びともわれわれ同様、社会システムをつくり、そこで食べて寝て生きている。平賀源内は「喰ふて糞して寝て起きて、死んで仕舞う命とは知りながら」という言葉を『根南志具佐（ねなしぐさ）』に書き付けている。ここにはある種のニヒリズムがあるが、もともと仏教や老荘思想はそういうものだから、日本人にニヒリズムはなじみやすかった。

　では社会システムすなわち「家」の外にしつらえられたものをどう呼ぼうか。そこで私はちかごろ、これを「別世（べつよ）」と表現している。別世（べつよ）は現実の「世」「世間」の別にしつらえられたもので、それを共有する人びとがいる限りにおいて存在する。池上さんの使う「隠れ家」の意味を十分に理解した上で「別世（べつよ）」を使うのは、社会システムのなかに秘められ隠されているようにイメージされるより、はっきりと見えて存在する世として表したいからだ。また「連」は別世（べつよ）のなかのひとつの現れであるから、連で別世（べつよ）を代表させることはできない。

　もうひとつ、「家でないもの」には問題がある。たとえばすでに述べた農村の組、衆、講、結などは、たしかに家ではないが、社会システムの一部ということができる。不幸組は葬式がある際に、社会システムのなかで臨時に機能する組であり、若衆組や娘組は家ではないが、家のなかでの同じ立場の者たちが、外でつくり、しかし家に連続している。講も、宗教的な意味をもつ場合は別世（べつよ）に見えるが、実際は共同体のなかで、むしろ共同体の結束を強くするために存在する場合がある。さきほど「家でないもの」は連、社、会、座、衆、組、結、講などを挙げることができる、と書いた。これはそのとおりである。しかし座、衆、組、結、講は「別世」でないもの、「別世」に近いものなどが混在している。ここでは江戸時代の社会のかたちを論じるのではなく、江戸時代の人びとがどのように自らの多様性を表現したか、を見ていこうとしている。それを見るためには、文化創造をし続けた連、社、会が別世としてどう働いたかを見るべきであろう。

ちなみに此岸、彼岸という言葉があり、この世とあの世の意味だが、周知のように生と死を意味している。別世はあくまでも生きている人びとが創造するものであり、あるいは創造のために作り出すアバターの生きる場である。

多名ということ

さて、今度は別世やそのなかの連を、「名前」の側から見てみよう。大田直次郎という牛込に暮らす下級武士は、家においては幕府・徳川家の御徒という役割を担い、大田家の主人である。しかし別世では、大田南畝というもの書きであり、四方赤良という狂歌師であり、蜀山人という文化人であり、寝惚先生という狂詩家であった。そのほかにも巴人

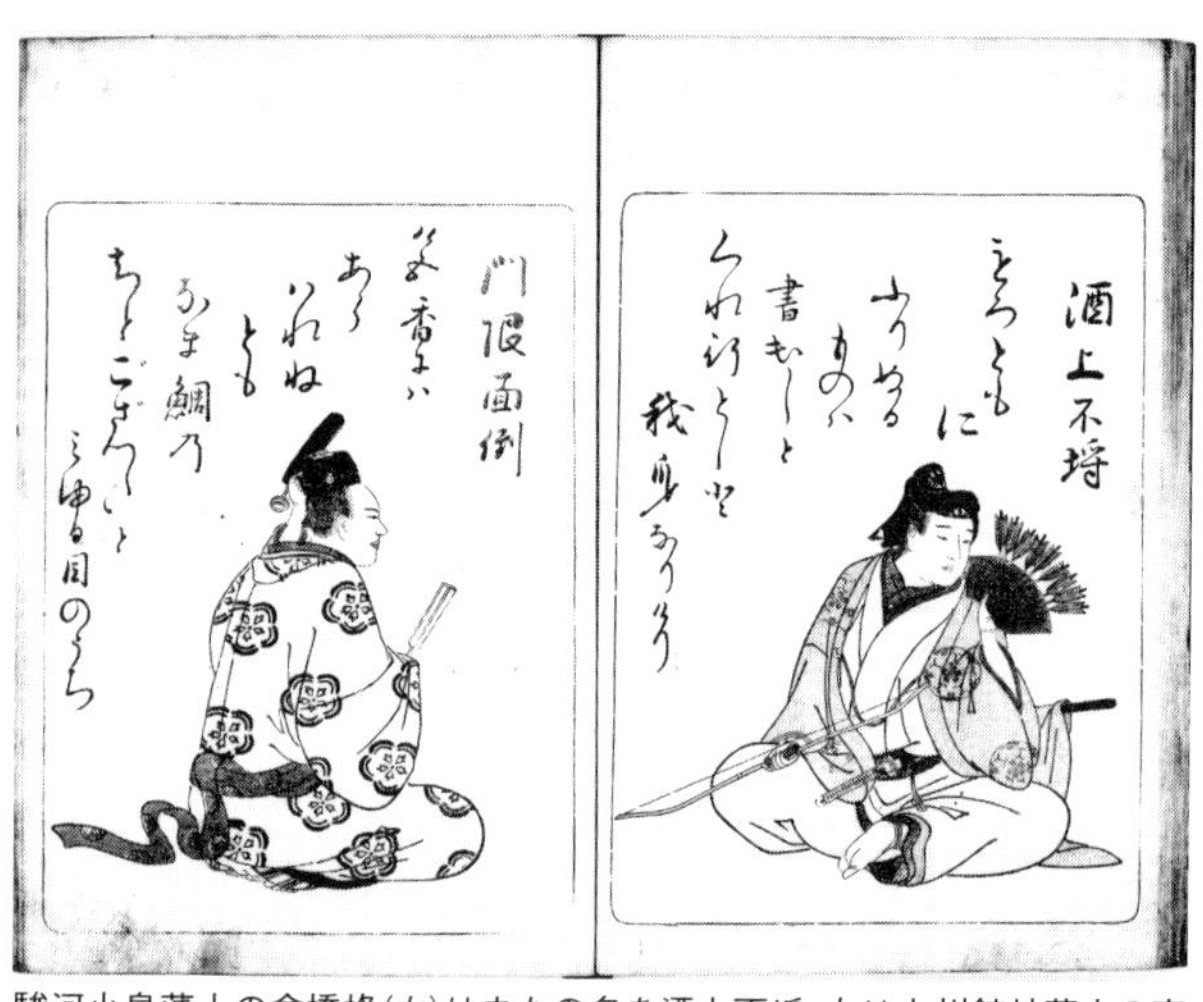

駿河小島藩士の倉橋格（右）はまたの名を酒上不埒、左は上州館林藩士の高橋徳八。狂名は門限面倒。『吾妻曲狂歌文庫』1786年刊 国文学研究資料館蔵

亭、杏花園、山手馬鹿人、風鈴山人という名前を使い分けている。

駿河小島藩士の倉橋格は、家においては駿河藩江戸詰用人であり、倉橋家の主人だ。別世では、酒上不埒という狂歌師で、恋川春町という高名な作家であり、倉橋寿平、寿山人という名もある。

秋田藩士の平沢常富は、家においては秋田藩御留守居役という役割があり、平沢家の主人である。別世では俳名を雨後庵月成と言い、手柄岡持という狂歌師で、朋誠堂喜三二という作家で、黄表紙では亀山人、笑い話本では道陀楼麻阿という名前ももっている。

姫路藩主の弟である酒井忠因は酒井家における役割をもちながら、別世では尻焼猿人という狂歌師で、酒井抱一という琳派の画家であり、屠龍という名でも活躍し、雨華庵という名ももっている。

町人の大野屋喜三郎は、湯屋の経営者である。別世では元木網という狂歌師として知られ、妻も知恵内子として狂歌で活躍した。

売れっ子作家の山東京伝。たばこ入れ屋であり、浮世絵師で狂歌師。「江戸の花京橋名取京伝像」隝鳩斎栄里　東京国立博物館蔵
Image: TNM Image Archives

町人の糠屋七兵衛は旅籠の経営者である。別世では石川雅望という物書きであり、宿屋飯盛という狂歌師で、六樹園という名でも活躍している。

歌舞伎役者の五代目市川団十郎は、江戸歌舞伎の濫觴である市川家という名跡に大きな責任を負っているが、別世では花道のつらねという狂歌

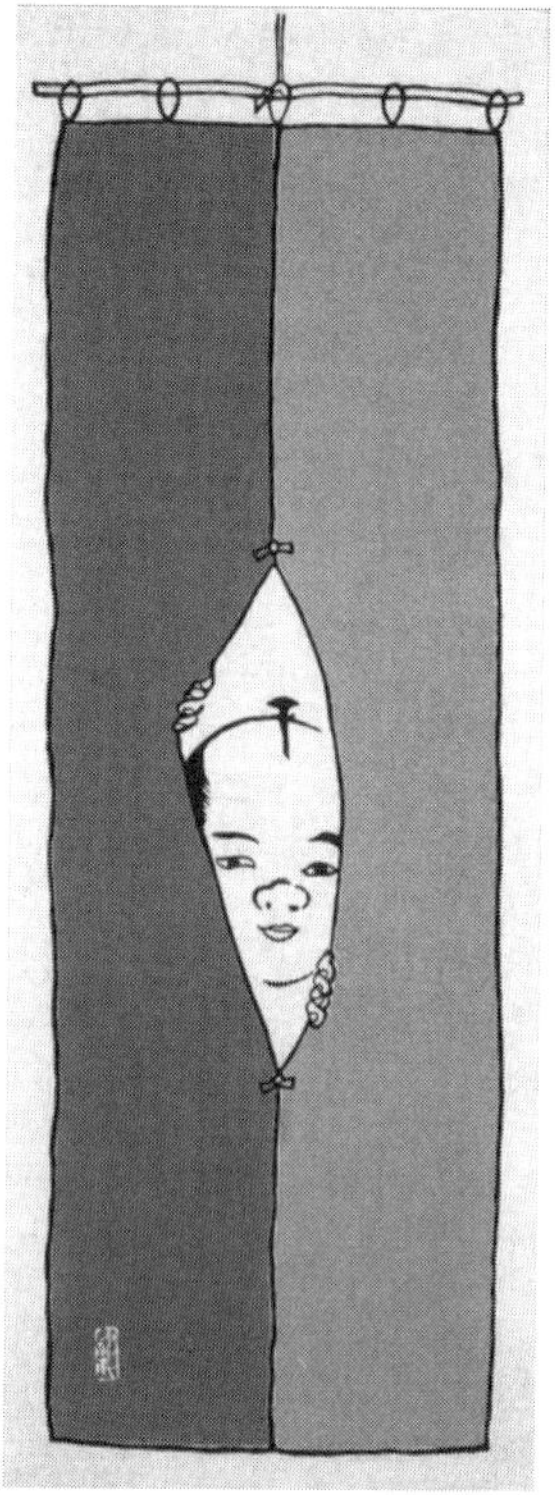

『手拭合』に掲載された鴨鞭蔭デザインの手ぬぐい。後に艶二(次)郎の顔となる。『江戸百夢』田中優子著、筑摩書房／朝日新聞社より

師である。

町人の岩瀬醒は京屋伝蔵としてたばこ入れ屋を経営している。家では経営者である。別世では北尾政演という浮世絵師で、山東京伝という売れっ子作家で、身軽折介という狂歌師で、さらに、作家として黄表紙と洒落本で「艶二郎」というキャラクターを自分のアバターとして駆使している。この艶二郎が、現在のインターネット上のアバターとほぼ同じだ。細面の岩瀬さんは、自分の顔とは似ても似つかない、丸顔で目が離れ、鼻が上を向いている見るからに可笑しいキャラクターを作り出し、本のなかではまるで自分であるかの

ように登場させて動かす。
これらのような、家の役割の外にある、別世における人格をどう呼べばいいのか？　江戸時代では、家とは異なる場が「〜連」「〜社」「〜会」としてできている場合、そこで、それぞれ異なる名前で参加することで、別世においてコミュニケーションすることになる。しかしその全体には名前がない。狂名とか俳名という名前についての名称はあるが、その人格そのものを指し示す名称がないのだ。江戸時代社会においては、個々の人間が複数の名前を使い分けることで、複数の「わたし」の才能を使いこなすことはわかった。しかしその全体を示す概念は、明確ではなかったのである。

すでに本章では「アバター」とは何かを述べた。それがインドの神の複数の化身であり、日本では本地垂迹の操作における権化、権現であることも述べた。それが江戸文化の基本である「見立て」「やつし」「俳諧化」と深い関係があることもわかった。しかしそれらが「アバター」という名称で語られたことはない。

二〇一七年に池上さんは『ハイパーワールド　共感しあう自閉症アバターたち』を書いた。こちらは現代社会に実際に起こっている現象を調査し、そこから、多様な感性を認め合うこれからの社会の可能性を示唆した本である。『美と礼節の絆』は江戸時代社会論で、

『ハイパーワールド』は現代社会論であるが、私はこの二冊は「同じことを主張している」と理解した。つまり個人のアイデンティティが固定化されているわけではなく、関係のなかで複数存在し、そこに複数のコミュニケーションが生まれ、それが社会システムを超えた文化として、個々の人間を事実上救っている、ということだ。

江戸文化の世界とインターネットの世界のアバター。どちらのアバターたちも仮想世界のなかで互いにつながる。これは時代を超えた「つながりでの方法」であり、そこから生まれる個人の多様化の方法ではないだろうか。そうだとすると、江戸時代を論ずるときに言及していた狂名をはじめとする「多名」は、アバターと呼んでも差し支えない。かえってそうしたほうが、歴史的に遡って化身、権化、権現、明神としてのアバターとつながり、現代から未来に向けて一本の線が通るのである。これは、人間というものが、そもそも人間自身を何かのアバターとみなし、自分自身を分けてアバター化することで、社会のなかでようやく生きていける存在なのではないか、という可能性を示唆する。

「隠れ家における虚構的なアイデンティティ」と「狂名」と「アバター」は同じなのか、違うのか？　という問いを立てて「連」における多名について述べてきた。狂名をはじめとする「多名」は、アバターと呼んでも差し支えない、という結論を出したのだが、依然としてそれは「内的な自己により深く根づいている」「虚構的なアイデンティティー」なのか、「ひっぱたいてみても、作者はそこにいない」「仮託」なのか、そちらの結論がまだ出ない。

個人概念の来し方行く末

「連」という言葉はたいへん興味深い言葉だ。連は適正規模を保ちつつ、常に何かを創造している複数の人間の集う場である。適正規模を保つために大組織にはならない。そこで、連のなかの人数は増えず、連の数が増えていく。同じように狂歌を詠む連が、山の手連、朱楽(あけら)連、四谷連、落栗連、芝連、本町(もとまち)連、伯楽連、スキヤ連、吉原連、堺町連、三升(みます)連と数多くあった。

そのメンバーの狂名の一部を、すでに紹介したが、改めて列挙してみよう。

尻焼猿人、酒上不埒、つぶり光(のひかる)、朱楽菅江(あけらかんこう)、鹿都部真顔、腹唐秋人(はらからのあきんど)、宿屋飯盛、加陪(かべの)仲塗(なかぬり)、門限面倒(もんげんめんどう)、土師掻安(はじのかきやす)、高利刈主(こうりのかりぬし)、今田部屋住(いまだへやずみ)、吹殻咽人(ふきがらのむせんど)、多田人成(ただのひとなり)、大屋裏住(おおやのうらずみ)、元木網、知恵内子、紀定丸(きのさだまる)、竹杖為軽(たけつえのすがる)、加保茶元成(かぼちゃのもとなり)、寝小弁垂高(ねしょうべんたれたか)、阿久垂粕(あくのたれかす)、生儘成(なまのままなり)、吉野葛子(よしのくずこ)、古屋雨漏(ふるやのあまもり)、和歌(わか)も少々読安(しょうしょうよみやす)、朝起(あさおきの)つらき、人世話成(ひとのせわなり)、大根太木(おおねのふとき)、医者小(いしゃのこう)

路次影、柿下手丸、垢しみ衣紋、ひまの内子、など、まだまだいる。「ふざけている」とひっぱたきたくなるひともいるだろうが、まさに「ひっぱたいてみても、作者はそこにいない」ことが、如実にわかる。

この名付け方の暗黙のルールは、平安歌人らしさである。俳人らしさでも、漢詩人らしさでもない。つまり狂歌師は平安歌人のパロディとしてのアバターなのであり、狂歌は、平安歌人の世界に成立した『古今和歌集』や『千載集』や「百人一首」のパロディなのである。そこで単一に詠まれるのではなく、『狂歌若葉集』『万載狂歌集』（一七八三年刊）『徳和歌後万載集』（一七八五年刊）『吾妻曲狂歌文庫』（一七八六年刊）など、集として刊行された。

和歌も俳諧連句も、日本の詩歌の作品はもともとひとの集まる宴や座における創造であった。連も、世話役はいるが強力なリーダーはいないない仕組みのもとで、それぞれが能力を発揮したのである。天明狂歌を率いたのは大田南畝（四方赤良）であったが、それは彼の才能が皆を導いたのであって、権力や権威や金銭の行使によるものではなかった。狂歌は連なしでは生まれなかった。そもそも個人の活動としては意味がなかった。なぜなら江戸時代の創造とは、個人に価値を置くものではなく、それぞれの多様な才能が組み合わさり、編集され、活気が生まれ、新しい境地を拓くものだったからである。

このような、創造における個人の後退と複数の人びとによる創造活動は、個人主義の近代を経過して、いま再び活気を取り戻している。

ユヴァル・ノア・ハラリはその著書である『ホモ・デウス』において、「人間至上主義の芸術は、個人の才能を神聖視する。(中略) 人間至上主義の科学は個人の研究者を賛美し、どんな学者も自分の名前が『サイエンス』誌や『ネイチャー』誌に掲載される論文の執筆陣の先頭を飾ることを夢見る。だが最近は、みんなの不断の協力によって生み出される、芸術的創造物や科学的創造物が増え続けている」と書いている。『ホモ・デウス』は未来社会について書かれた本だが、そのなかに驚くほど、過去の日本を想起させる文言がある。それは、ここで話題にしてきた個人のなかの「複数のわたし」や、「虚構的なアイデンティティー」か「仮託」か、という問題にも大きなヒントを与えてくれる。

ユヴァル・ノア・ハラリは自由主義が信じる個人概念と、生命科学が発見した個人概念の違いについて、興味深い対称性を書いている。まず自由主義が信じる個人についての考えとは、「1 私は分割不能の個人である。つまり私には、さまざまな部分やサブシステムに分割できない単一の本質がある。たしかにこの内なる核は幾重にも外層に包まれている。だが、もし努力してこれらの外殻を剝ぎ取れば、自分の奥深くに明瞭な単一の内なる声を見つけることができ、それが私の本物の自己だ」。「2　私の本物の自己は完全に自由である」。「3　これら二つの前提から、私は自分自身に関して他人には発見しえないことを知りうる。なぜなら、私だけが自分の内なる自由空間に到達することができ、私だけが自分の本物の自己のささやきを聞くことができるからだ（後略）」。

次に、生命科学による個人概念である。「1　生き物はアルゴリズムであり、人間は分割不能の個人ではなく、分割可能な存在である。つまり、人間は多くの異なるアルゴリズムの集合で、単一の内なる声や単一の自己などというものはない」。「2　人間を構成しているアルゴリズムはみな、自由ではない。それらは遺伝子と環境圧によって形作られ、決定論的に、あるいはランダムに決定を下すが、自由に決定を下すことはない」。「3　したがって、外部のアルゴリズムは理論上、私が自分を知りうるよりもはるかによく私を知りうる。アルゴリズムは、私の体と脳を構成するシステムの一つひとつをモニターしていれば、私が何者なのかや、どう感じているかや、何を望んでいるかを正確に知りうる（後略）」と。

これは未来の個人のありようではなく、まさに目下そうなりつつある現実だ。自由主義の信じる個人概念は、私たちになじみのものである。一方、生き物はアルゴリズムであり人間は多くの異なるアルゴリズムの集合である、という考え方は実感しにくい。しかし多くのひとが健康診断で自分の身体を数値で認識している。その際、どのようにその数値が平均以上か以下か、あるいは異常値かそうでないのかわかるのだろうか。それは多くのひとのデータから割り出しているからで、この数値がやがては病院を通してではなく、腕時計その他で計測され、ビッグデータに吸収されるようになる。健康診断の数値ばかりか、すでに世界中に、個人のＤＮＡからその人の才能を読み取る企業があり、日本でも有料で簡単なキットを提供している。中国では子どもまでそれを活用して才能磨きに役立てている。

これらのデータの集積が次の産業の基礎になるという。Society5.0と言われ、日本政府もその方向に尽力しているのがそれだ。Society5.0では、ビッグデータなしに科学や医学の発展はなく、新しい産業を興すことはできない、とされている。すでにインターネット上で購入したり接触しているその行動はモニターされており、そうやって吸収されている情報の一つひとつが「個人」を成り立たせる要素なのである。

なお、このアルゴリズムの集合体としての個人については、ユヴァル・ノア・ハラリは、データを握る人びととデータを持てない人びととの格差が広がる、という警告を発している。つまり決して肯定的に評価しているわけではない。しかし否定できる状況でもない。肯定や否定を超えて、すでにそうなっているからだ。そのような社会を格差社会にするかそうでない社会にするかは、私たち自身の問題なのである。

このアルゴリズムの集合体としての個人、という個人概念はもちろん江戸時代にはない。だからデータ量の格差について今議論する必要はないだろう。しかし江戸時代では、才能の集合体としての個人、という考え方は連を見る限りごく普通のことだった。上田秋成は「わたくしとは才能の別名なり」（一八〇八年『胆大小心録』）と書いている。なによりも、近代自由主義が信じる個人概念に比べ、アルゴリズムの集合体としての個人概念のほうが、江戸時代の個人概念に近いのである。だからこそ、創造は個人のみの自由の発揮ではなく、互いの関係のなかで動的になされるものであった。

そこから言えば、「内的な自己により深く根づいている」ように感じられる「虚構的なアイデンティティー」のその「アイデンティティー」とは、従来のような凝縮された固定されたものではなく、絶えず生み出され動き続ける多様な自己の曼荼羅（まんだら）世界のことであり、自らがそれを選び育てることができる性質のものであろう。一方、「ひっぱたいてみても、作者はそこにいない」単なる「仮託」という考え方は実態に近いかもしれないが、しかし個人はそこにいなくとも、アルゴリズムならぬ「多様な才能」は、そこにあったはずだ。そうでなければ狂歌集は作れない。

ちなみに、江戸時代の身分制社会では、市場経済が発達してはいても、才能の程度によって経済的格差が生まれる余地はなかった。才能と教育を集中できる武士階級は市場経済のなかに入っていくことがほとんどできない階級であり、「禄」という給与の範囲で生きていたからである。武士階級から離脱して発明とその商品化に力を入れた平賀源内でさえ、出資者を集めることができなかった。ジェームズ・ワットと同じように、鉱山からの排水問題に直面し工夫を重ねていたにもかかわらず、ボールトン・ワット商会は、日本には出現しなかったのである。

しかし別世(べつよ)のなかで創造性は発揮され、それは新しい技術につながった。その代表が、多色摺り浮世絵である。まず、連は才能を開花させるために個人をどう関連づけていたか、見てみよう。

3 連の創造性

江戸時代では、個人のなかに複数の能力を発見することと、多様な個性をもった人びとが集うことで新たな創造が起こることとは、表裏一体だったのである。ではなぜ「個人のなかの多様性」と「多様な個人」とが結びつき、それが創造力につながるのだろうか？それを考えるためにすでに「連」について述べたが、こんどは「創造」という側面から連とアバターについて考えてみよう。

「連」の条件のなかに、「人に同一化せず、人と無関係にもならない」という項目を置いた。「同一化」は俳諧連句における「付けすぎ」のことで、前の句とほぼ同じ境地を詠むことと、前の前の句に戻ることが禁じられていることを指している。「無関係」は俳諧における「離れすぎ」のことであることも、書いた。俳諧連句では「付けすぎ」と「離れすぎ」をできるだけ避けて、他との距離を絶えず調整しているのである。「連」という言葉が意味するものは集まりのことだけではなく、この関係性のことでもある。「連句」は連(つら)

なる句である。集まりとしての連は空間を指し示す言葉だが、連なる連は、時間的な推移をともなっている。

俳諧連句は俳句ではない。江戸時代では「俳諧」は一句独立の俳句を意味するわけではなかった。一句独立という概念がなく、旅のさなかに句を詠んだとしても、それはいつか俳諧連句の発句として使う心づもりがどこかにある。一句独立の俳句という考えが世の中に広まるのは、近代を迎え、個人を核とする西欧文学こそ文学とされ、俳諧を文学から排除したからだった。

俳諧連句は五七五を発句（始まりの句）とする。そこに七七が脇句として付く。その脇句に第三句が五七五で付けられる。そのようにして中世では連歌として一〇〇句続けたこともあった。やがて五〇句になり、江戸時代に三六句として定着し、それを藤原公任の選んだ三六人の和歌の名手にちなんで「歌仙」と言った。その歌仙は、次のようにつくる。たとえば芭蕉の加わった連句『猿蓑』「夏の月の巻」冒頭だ。

市中は物のにほひや夏の月（凡兆）

夏、市中を通るといろいろな物を売っている。冷蔵庫もクーラーもない時代だ。魚のにおい、すいかのにおい、砂ぼこりのにおい、道に撒いた水のにおい。暑い空気のなかにさまざまなにおいが混在する。やがて夕方になると、そこに月がのぼる。ようやく涼しさを感じる、という句である。そこに脇を付けるに際して、留意しなければならないことがある。それは、発句と脇が五七五七七で一体となることだ。

あつしあつしとかどかどの声（芭蕉）

と、芭蕉は付けた。「かどかど」とは町のあちこちのことで、市中を離れていないことがわかる。しかも「かどかど」という音がいかにも暑くあわただしい。あちこちで人びとが「暑い暑い」と言っているのだ。

ここまでは二句が一体化しているのだが、第三句の役割は、そこから離れることである。離れないと動いていかない。

二番草取りも果たさず穂に出でて（去来）

このように続けることで、市中の情景が田畑で農作業をする人たちに切り替わった。こうして場面を替える。しかし離れすぎではなく、付いている。何に付いているのかと言えば、「暑さ」である。暑い気候ゆえに、田んぼの一番草、二番草と、草取りをしているうちに、今年は早くも稲の穂が出てきてしまった、というのである。暑さのなかにある生命力やエネルギーが植物に伝わっている。

この第三句から次々に続けていくのだが、ちなみにこの句に付いた第四句は「灰うちたたくうるめ一枚」(凡兆)である。イワシを焼きながら急いで食事するシーンだ。これは暑さから離れて「忙しさ」「あわただしさ」に付いた。

こうして三六句めの「挙句」まで続ける。現代語で「〜の挙句」という言葉は、この三六句めのことである。いかに俳諧連句が庶民を巻き込んだ全国的な文学であったかがわかる。

三六句の途中、ほぼ決まった位置で花(桜)や月を出すというルールはあるものの、臨機応変に直前の句だけに付けるのが鉄則だった。前の前、さらにその前はすでに通り過ぎているから、たとえ記憶にあったとしても、付けない。戻ってしまうからである。この考え方から、連句が前に歩き進む動き(ダイナミズム)と変化を、極めて重要視することがわかる。

もうひとつの連句の特徴が、「関係のなかで意味が変わる」という特徴だ。わかりやすい例を『猿蓑』「はつしぐれの巻」から示す。

ひとり直りし今朝の腹立ち（去来）

という七七の句がある。朝から何があったか、腹が立っているという。しかしこの腹立ちが自然に、いつの間にか消えた、というのである。この前には、次の句が置かれていた。

苔（こけ）ながら花に並ぶる手水鉢（ちょうずばち）（芭蕉）

前に置かれている句だが、「苔ながら花に並ぶる手水鉢　ひとり直りし今朝の腹立ち」と続けてみると、腹立ちが収まった理由がわかる。朝、手洗いに行く。出てくるとそこに手水鉢がある。その手水鉢には苔がびっしりついているものの、その緑色が花（桜）とともに目に入ったときの美しさ。「ああきれいだ」と思ったとたん、気持ちがすうっと整っていく。

ところが「ひとり直りし今朝の腹立ち」の後の句を読んでみると、事情はがらりと変わる。

いちどきに二日の物も食うて置き（凡兆）

続けると、「ひとり直りし今朝の腹立ち　いちどきに二日の物も食うて置き」となる。つまり、腹立ちが直った理由が、二日分やけ食いしたからなのだ。こちらは笑いを誘う。

このように前の句と後ろの句の関係で、「ひとり直りし今朝の腹立ち」がまったく違う意味や情景になる。個人の創造は固定的ではなく、関係のなかで変わってしまうのである。

もう一例挙げよう。こちらは人をどう見るか、に関係する。

ゆがみて蓋のあはぬ半櫃（はんびつ）（凡兆）
草庵に暫く居ては打ちやぶり（芭蕉）

芭蕉の句はまるで芭蕉そのもののようだ。定住できず、常に移動する生き方の人物である。前の句と合わせて読むと、世間にぴったりとおさまらないものを感じる。そのような比喩として付けるのは蕉風ではないので誤った解釈だとする見解もあるが、感じてしまうものはしようがない。とにかく一所不住の、世間からみれば普通の生活ができない、どこかゆがんだ風来坊に思える。しかし次の句はこうだった。

いのち嬉しき撰集のさた（去来）

西行のような中世の歌人も、一所不住として移動し続けた。単なる風来坊ではなく、歌を詠み続ける歌人、詩人、創造者。その作品が後世に残るべきものとして評価された瞬間の「命うれしき」というあふれ出る喜びである。一気に身近な人間に感じる。このように、付け方によって人物像も変わってしまうのだ。

江戸時代のひとたちにとって創造とはそういうものであった。「連」の時間軸における意味とは、そのような動きと変化なのである。空間としての連は、多様な個人がそれぞれの（個の全体性ではなく）才能と特質を持ち寄る場であり、時間としての連は、個人の創造がその過程で、他者によって意味の変化をし続ける時間なのである。

いま挙げた事例は、俳諧連句の事例であった。ではそのほかの創造の場合は、何が起きているのだろうか。ここで「連」を組んでいた代表的な分野である狂歌の事例を挙げてみよう。

一刻を千金づつにしめあげて六万両のはるのあけぼの（四方赤良）

この狂歌は「春宵一刻値千金（しゅんしょういっこくあたいせんきん）」という漢詩の一部を使って、金勘定をした狂歌だ。俳諧が和歌の言葉を現実の言葉のなかにほどいたように、狂歌も和歌や漢詩を現実生活に引き込む。つまり「俗化」だ。狂歌は集としてまとめて古典のパロディにするのだが、もちろん一つひとつの狂歌も、古典のパロディという基本路線をもっていた。

　かくばかりめでたくみゆる世の中をうらやましくやのぞく月影（四方赤良）

この狂歌は、「かくばかり経がたく見ゆる世の中にうらやましくもすめる月かな」（藤原高光）という和歌の視点を上下ひっくりかえしたものだ。「経がたく（生きているのがつらい）」を「めでたく」にしただけでなく、人間が月を眺める情景を、月が人間の世の中を「うらやましく」眺める情景にした。重力が逆転し、悲哀と重さが、なんともおめでたく軽い世界になってしまった。

狂歌は世界についての人間の感じ方を変える。これはかつて「予祝」と言い「祝詞」と言った。言葉で祝うことで世界を変える。実際は世界そのものが変わるのではなく、世界に対する人間の感じ方や見方が変わるのである。しかし私たちが日常的に知っているように、人間はその考え方で社会や世界や、時には他人を、変えることができる。江戸時代はすでに言霊を信じる時代ではない。言葉そのものが力をもって物理的に何かを変えることはない。しかしひとの気持ちを変えることで、事柄を良いほうに持っていくことができる。

狂歌の場合、悲哀を可笑しさに変え、権力を笑い飛ばすことで、ひとを救うことができた。笑いとはそういうものだ。かつては芸能全般がもっていたそのような力は、文学の力でもあった。

山吹の口なしめしやもらんとておたま杓子も井出の玉川（四方赤良）

くちなしめしとは「梔子飯」と書き、クチナシの実の煎じ汁に塩を入れて炊いた鮮黄色の飯のことである。和歌で山吹というと山吹の花のことだが、ここではこの言葉を現実に引き込んで飯にした。飯を盛るから杓子であるが、ここは川が出てくるのでおたまじゃくしという縁語を入れた。その川だが、井出の玉川とある。この川は木津川の支流として京都を流れる川で、澄んだきれいな水で知られている。そのようなきれいな玉川は全国に六カ所あり、これらは六玉川と言われた。ここではおたまじゃくしが出る、ということと、ご飯をよそうために杓子が出てくる、ということをかけた。むろん本歌がある。本歌は、

かはづなく井手の山吹ちりにけり花のさかりにあはましものを（『古今和歌集』読人しらず）

である。山吹は散ってしまったのだが、花のさかりに来てみたかった、という歌だ。狂歌では「かはづ」を出さなかった。そのかわり、かはづの赤ちゃんである「おたまじゃくし」を出したところがかわいらしく面白い。

「かはづ」「澄んだ川」「山吹の花」の取り合わせは和歌の定番だった。「かはづ鳴く神名(かむな)火(び)川に影見えて今か咲くらむ山吹の花」(厚見王『万葉集』1435)は『万葉集』の歌で、神名火川は神社ぎわの川のこと。ここでは飛鳥川か竜田川を意味するという。「山吹の花さきにけりかはづなく井出の里人いまやとはまし」(藤原基俊『千載集』)は、井出の川の里に住む人を思い出し、この美しい季節に訪れてみよう、という歌だ。気がつくように、これらすべての歌で、かはづは鳴いている。なぜなのかというと、和歌に登場するかはづは、カジカガエルのことだからである。カジカガエルは清流に住み、鳥のように美しい声で鳴く。そこで和歌の世界では鳥として扱われるのである。

このような組み合わせの定番があると、それを滑稽化(俳諧)しやすい。この「おたま杓子も井出の玉川」という四方赤良の狂歌はおたまじゃくしなのだから、むろん鳴かない。山吹も花ではなく飯なのだから、鑑賞するのではなく食べる。この転換も面白いが、実はこれより早くこのかはづの定番をパロディにしたものがあった。それこそが、

古池やかはづ飛び込む水の音（芭蕉）

である。こちらは「かはづ」「山吹の花」という要素のうち、まず「山吹の花」を消した。カラフルな世界が消え、モノクロームに一歩近づく。さらに、「澄んだきれいな水の川」を、「古池」という、古く濁ったよどんで流れない水に百八十度ひっくり返した。まったくのモノクローム。しかも濁っている。最後に、かはづに鳴かせなかった。飛び込ませたのである。古池に飛び込むくらいだから、カジカガエルでないことは明白だ。聴覚がとらえたのは鳥のような声ではなく、アマガエルかガマガエルかヒキガエルか、とにかくそういうカエルが水に飛び込んだ音である。

この句は芭蕉が「風雅」を確立した句である。なぜ風雅なのか。まず和歌が背景に残像として残っている。にもかかわらず、長い間続いてきた（不易）の華やかな色や楽しそうな音を消して、情景を転換し、古池という現実的でありながらも時間の堆積物が中心の存在になるようなシーンを発明し、そこに飛び込み、堆積物（記憶）を広げながらまったく新しい音（流行）を出現させたのである。禅で言えば覚醒の瞬間のような構造を作り出した。風雅は、不易と流行を一体化させる方法である。このような転換の方法が蕉風である。

蕉風とは、俳諧が単なる言葉遊びから、イメージ（映像）やサウンド（音）をともなった芸術に高められた境地をいう。

さて、和歌でよく詠まれる鶉も、芭蕉がやったように鳴き声を消された。食べ物にされたのだ。

ひとつ取りふたつ取りては焼いてくふ鶉なくなる深草のさと（四方赤良）

本歌は、「夕されば野辺の秋風身にしみて鶉鳴くなり深草の里」（藤原俊成『千載集』）だ。こちらは「鳴くなり」が「無くなる」とされたが、とにかく鶉をつかまえては次々と焼いて食らうシーンが可笑しい。

ほととぎす鳴きつるあとにあきれたる後徳大寺の有明の顔（四方赤良）

この狂歌は食うとか寝るとか日常の行動を使っていないので、やや難しいが、とても可笑しい。本歌は「ほととぎす鳴きつる方をながむればただ有明の月ぞのこれる」という、『千載集』にあり「百人一首」にも入った、藤原実定の歌である。藤原実定とは後徳大寺左大臣と言われた人で、狂歌では本歌を詠んだ本人を登場させたのだ。ほととぎすが鳴く、そちらのほうへ顔を向ける、するとそこに有明の月が残っている。実定が月を見ているのだが、その顔を、こんどはわれわれが見ている。「あきれたる有明の顔」は、びっくりしてあっけにとられて呆然（ぼうぜん）としているその顔が、まるで有明の月のようにぼやっとしている、そういう顔を目の前に見るようなのだ。この狂歌などは笑いながらも傑作だと思う。

狂歌には可笑しいより、むしろ美しい本歌取りもある。

袖の上に霜か雪かとうちはらふあとよりしろき冬の夜の月（四方赤良）

夜、袖の上に白い影が見える。雪が降ってきたのか、それとも霜が降りたのか、と思いつつ払ってみるが消えない。そのうちようやく気が付く。後ろから冬の明瞭な月の光が自分を包んでいて、その光が袖に反映しているのだ。これはきれいだ。

本歌がある。「駒とめて袖うちはらふかげもなし佐野のわたりの雪の夕ぐれ」（藤原定家『新古今和歌集』）だ。「駒とめて袖うちはらふかげ」までで、読者は、馬上の貴族のちょっとした動作を脳裏に思い浮かべる。しかしながら「もなし」でそれが否定される。残像が残りながらも誰もいない、何もない、雪ふる佐野の夕暮れである。その面影を、狂歌は受け取って日常の暮らしに投げ込んだ。「霜か雪か」で、読者はその両方を思い浮かべるが、そのどちらでもない。それは「月の光」であった。

ここには、日本の和歌が開拓してきた重要な要素である「面影」が登場している。実態ではなく面影が、日本文化の創造性のなかで大きな役割を果たしてきたことを、松岡正剛はさまざまなところで書いてきた。対談『日本問答』(田中優子・松岡正剛　岩波新書)においても、それが重要なキーワードになっている。

俳諧、狂歌という和歌の俳諧化の過程で、複数の作者たちが互いに取り交わすのは、その「面影」である。面影とは、言葉を換えて言えば「コノテーション」だ。コノテーションとは、明示的で単一の意味(デノテーション)に対し、当該の文化が長い間蓄積してきた象徴的で多様な「含意」のことだ。文章の脈絡によってコノテーションの範囲はおおまかに決まるが、そこからさらに多くの意味を読み取り引き出すことも可能である。

狂名が平安歌人を含意している、すなわち面影として背景においているように、狂歌は平安時代から江戸時代に至るまで詠まれてきた和歌とその周辺の文学を使いこなした。それは江戸時代初期に俵屋宗達、本阿弥光悦が美術の分野でおこない、芸能としては能がおこない、歌舞伎が「世界」(古典に根ざしたストーリーの枠組み)という言葉を使っておこなってきたことだった。江戸文化はどれをとっても挑戦的で新しいが、そのような創造ができる秘訣(ひけつ)は、膨大な面影を使いこなしているからである。

雪ふれば炬燵櫓(こたつやぐら)に盾こもりうつていづべきいきほひはなし（四方赤良）

この狂歌にはとりわけ本歌があるわけではない。しかし「櫓」「盾」「撃って出る」「勢い」という言葉が中世の武将による戦いのシーンであることは明白で、そのような男らしい、勇ましいありようの対極に、こたつにしがみつく江戸の男たちの可笑しさ、面白さが出ていて、まさに江戸時代らしい歌なのだ。狂歌とはなるほど、江戸時代にしか存在しえなかったことがわかる。近代も、中世と同じかそれ以上に、こんどは国家単位で戦いに明け暮れた男たちの時代であるから、こういう弱々しい歌はなかなか作れない。

ここには、「面影を使ってそれを否定することで浮上する他の存在」がある。馬上の貴族を出現させたのちに否定することで、「侘(わ)び」とも言える世界を創出した定家のように、「櫓」「盾」「撃って出る」「勢い」をことごとく否定し、たかが雪で炬燵にしがみつく自分を、すっかり肯定してしまう江戸時代の人間観の面白さが、ここに浮上したのである。

狂歌を紹介すると言って、四方赤良の狂歌しか紹介しなかった。もちろん非常に多くの狂歌があるが、本書は、学問の本や教科書としての偏りのない客観的でバランスのとれた紹介をする必要はないと考える。むしろ狂歌の面白さを知ってほしい。それにはやはり四方赤良なのだ。狂歌にも質の良し悪しがある。

俳諧と狂歌で見てきた連の創造性は、一方に「空間」として連があった。実際に「集まる」ことによって現出する「空間」に成り立つ「関係」としての連である。これは「集（つど）う連」と言ってもよい。そこには、ひとつひとつの規模が小さい状態にとどめられ、結果として数が増えるという特徴があった。数が増えるということは、減る場合もあるということで、継続性に関心がなく、出入りが激しく流動的で、消えたり出現したりが頻繁に起こる。この性質は、「家」制度のもつ継続性、固定性、非流動性、定住性の対極にある。つまり「別世（べつよ）」「隠れ家」だからこその性格である。

そしてもう一方には、時間的なつながりとしての連があった。その「時間的なつながり」には、二種あった。ひとつは俳諧の座に見られるように、今この瞬間の「付けあい」の時間である。付けることで刻々と言葉が創造され、後戻りは許されない。ここにも流動性と遊行性、旅する時間があり、それは「家」制度のもつ定着性、定住性とは異なる性格である。

もうひとつの時間的なつながりは、過去からの繋がりである。古くは中国の古典に繋がっている。四方赤良は『詩経』をほとんど覚えていたと言われる。『詩経』所収の詩は最も古いもので紀元前十一世紀にさかのぼるとされる。そうだとすると、江戸時代から数えて約二八〇〇年前からの言葉や、日本の古典で言えば約一〇〇〇年前の言葉にも、繋がっているのである。そのことを「本歌」「面影」「コノテーション」という言葉で説明した。

創造性とは、何もないところから何かを生むことではない。長い時間受け渡されてきたかたち、新しく出現した視点や技術など、多くのものを背景に、またそれを素材に、人間は創造性を発揮する。だからこそ、学ぶことが必要なのだ。人間はそれぞれのＤＮＡに基づく才能や個性をもっている。それが多様性の基本である。また育った環境や直面した出来事によって、自分をつくってきた。それも多様性の条件である。しかしながら、創造性には共有する背景が必要である。その共有するものをまさに、空間と時間のなかで共有することで、多様な才能がかたちになって現れ、時には世界に広がる。その共有は、いまここで共有する時空と、時代を隔たって共有する時空とがあり、そのどちらも個体にとっては自分の外側にあるものだから、「学ぶ」必要がある。才能があってもそれをかたちにする素材を蓄積していなければ、才能は発揮されない。「わたくしとは才能の別名なり」と上田秋成が書き付けたように、共有する素材のない「わたくし」は存在しない。江戸時代の人びとは実によくそのことを知っていて、機会があれば言葉を学んだ。武士階級でなくとも、『唐詩選』を持ち歩き、俳諧の座に連なって、「わたくし」を磨いたのである。ただしその場合の「わたくし」とは、「多様なわたくし」にほかならない。

浮世絵に至るまで

言葉に即して創造性をみてきたが、江戸時代に最も発達し、やがて世界中に知られるようになったアートと言えば「浮世絵」である。その浮世絵の展開に連は不可欠だった。浮世絵の技術面の発達と、市場展開の側面に、連は深く関与している。そしてそのなかから天才的な浮世絵師たちが出現した。浮世絵をよく知れば知るほど、その個性と多様性には驚くばかりである。浮世絵の存在は、江戸時代のダイバーシティのひとつの現れだと言っていい。

周知のように、日本では絵画がふすまや屛風や掛け軸など、インテリアを目的にしたものと、鑑賞を目的にした巻物に描かれてきた。貴族や幕府が抱えた絵師たちがいたのは当然だが、それ以外の絵師たちももちろんいた。たとえば『鳥獣戯画』は、確証はないが今のところ、密教図像の収集、書写をおこなっていた平安時代の高僧、鳥羽僧上覚猷とされている。それ以外にも絵を描く僧侶たちがいた。彼らはそれを生活の糧にしているわけではなかった。

　浮世絵以前の日本のメディアの代表格は「絵巻」であったろう。絵巻とは、物語や説話、神社・寺の縁起（始まりの物語）を絵に表し、詞をつけ、紙を長くつないでゆくかたちのメディアである。「絵巻」「絵巻物」という名は、もうほとんどつくられなくなった江戸時代に一般化したものである。実際に絵巻が作られ、使われていた古代・中世においては、「……絵」と呼ばれていた。また絵巻についている詞書は、「絵詞」と呼んでいた。まさに絵というジャンルの代表だったのである。

　巻物形式の絵画は中国から伝わった。中国ではそれを「画巻」と呼ぶ。日本では大量の絵巻が作られ、そのなかに人びとの生活や衣装、建築、調度、道具類を細かく描き出したのである。したがって史料的価値も高い。記録に残る絵巻は四〇〇種以上にのぼり、現存するものは百数十種、約六〇〇巻である。物語絵巻などは名家に代々所蔵され、宗教的な絵巻は社寺に奉納されて残った。絵巻は数枚あるいは十数枚の紙を横に継ぎ合わせて作られる。継ぎ合わせ方が編集方法そのものであり、詞書（本文）と絵が交互に繰り返される。

縦が三〇センチ前後だが、五〇センチ以上のものもある。長さは一〇メートル前後が多い。一巻本から二、三巻本、二〇巻、四八巻などの大部のものまである。

絵巻は、まず右手で上から持って左に開き、両手で自然な間隔に持ち、右手で巻きながら繰り広げ、次々に現れる詞書を読み、絵を眺める。絵は右から左に移動することになる。よくみられる構図法としては、屋根や天井を取り去って室内を俯瞰するいわゆる「吹抜き屋台」がある。この俯瞰方法はのちに江戸の黄表紙にも受け継がれる。同一画面上に四季の変化や次々と変化する事象を円環的に描くといった「異時同図法」という発明もなされた。その代表は『伴大納言絵詞』である。

これは、八六六年、応天門に放火してその罪を左大臣・源信に負わせようとした大納言伴善男の陰謀が露顕し、逆に伴大納言が失脚するという史実を描いた歴史説話絵巻の代表作である。大火災となった応天門に駆けつける検非違使や群衆の流れるような動き、子どものけんかから真相が暴露されていく過程を「異時同図法」で描き出したその手法、貴賤さまざまな登場人物の姿や表情の、今まさに目の前にいるかのような生き生きとした動きなど、後世に与えた影響は計り知れない。アニメーション監督の故高畑勲は、『伴大納言絵詞』『鳥獣人物戯画絵巻』その他の絵巻の表現が、アニメーションにつながるものとして、注目し続けてきたひとりであった。

日本の絵巻の最古のものは『絵因果経(えいんがきょう)』という経文である。八世紀後半ころ、写経所の画師によって書写されたという。中国からは仏教的なもののほかに、各種の典籍や実用的な書物、文学作品に絵を加えた画巻も多く輸入され、その結果、九世紀末には本文を和文化した絵巻がつくられた。十世紀以後はそれらを母体として日本独特の物語と絵を備えた絵巻が制作されはじめた。鑑賞者は主に貴族であった。経典以外は印刷物がほとんどない時代である。種類は多いが、同じものの数は限られている。高価であったろうし、貴族の間でも回し読みされたであろう。種類は「つくり物語絵巻」「説話絵巻」「日記絵巻」「年中行事絵巻」などがあった。女房たちに愛好された「つくり物語絵巻」の系統から、十二世紀前半に『源氏物語絵巻』が生み出された。

当時、物語は同じ家屋の中で誰かが声を出して読み、それを聞く、ということがおこなわれていたのである。耳から入っていた物語や言葉の音を、絵巻は画像にして、シーン（情景）としてかたちにする。すると今度は、そのシーンが物語の核心となり、記憶されていく。このような文化創造は次の時代には扇や本のかたちになった。日本の本がほかの東アジアに比べ、絵に極めて重い役割を託すようになったのは、この絵巻の展開があったからだと思われる。アバターは言葉だけでなく、描かれ、印刷された人物画として広まったのである。

そのアバターと縁の深い仏教説話やその他の説話は『信貴山縁起』や『伴大納言絵詞』として十二世紀後半に作られた。『華厳五十五所絵巻』のような経典の絵解き、六道輪廻思想に基づく『地獄草紙』『餓鬼草紙』さらに『病草紙』のような一群の作品も、末法思想を背景に制作された。十二世紀は、絵巻の黄金時代だった。

鎌倉時代の絵巻は受容者の層が拡大し、内容と様式が多彩になった。平安時代の「つくり物語絵巻」には、『源氏物語絵巻』以外にも、『紫式部日記絵巻』や『伊勢物語絵巻』や『枕草子絵巻』がある。物語が言葉だけでなくシーンとして視覚から入り、視覚によって受け渡されていった経緯がわかる。それが江戸時代の視覚文化を用意したのである。和歌も『三十六歌仙絵巻』として流布したからこそ、それが連句の歌仙となり、後の「百人一首」となり、狂歌のパロディを準備したのだった。

武士の戦記絵巻である『平治物語絵巻』『後三年合戦絵巻』『蒙古襲来絵詞』に見える、多くの人びとを動的に華やかに配置した表現は、語り物や能や歌舞伎に影響を与えただけでなく、扇絵にも多大な影響を与えた。仏教の布教絵巻のなかで、仏寺・神社の縁起絵巻である『北野天神縁起』『春日権現験記』『粉河寺縁起』『石山寺縁起』『当麻曼荼羅縁起』『道成寺縁起』などは、それぞれの寺で僧が縁起を語るときに使われた。『道成寺』はそのようなメディアを通して能や歌舞伎舞踊に展開したのである。『弘法大師絵伝』『一遍上人絵伝』『法然上人絵伝』『親鸞上人絵伝』などが布教と信心に果たした役割は多大なものがあったろう。

『福富草紙』は、絵と詞書が交互に貼り付けられていた方法とは異なり、絵の中に直接、文字を入れた。これが江戸時代に展開する絵本の方法となり、「浮世絵」にも入り、やがて大人も読む黄表紙の方法になる。

しかしいわゆる「浮世絵」のきっかけになったのは、屏風だと言われている。屏風は中国を起原とする風よけおよび間仕切りの家具で、漢代では木骨を絹などで張って作った。日本の貴族社会では、几帳とともに日常生活に欠かせない道具であり、几帳が布で作られプライベートな空間に使用されたのに比べ、屏風は絵画の場合も故事、賢人、神仙、山水などをテーマにして、宴席で使われた、木枠に紙や布を張ったものを一扇とし、これを二扇、四扇、六扇、八扇、一〇扇とつなぎ合わせていくのである。そして、それらを折り畳めるよう作られている。「六曲一双」は六扇のもの二つで一組になっているものを言い、これが基準であった。『日本書紀』六八六年の条に新羅から献上されたという記事が最も古い。後に蝶番が発明され、広げれば大きな一画面を作れるようになった。これが今日につながる日本式屏風である。室町時代になると、明、朝鮮、スペイン、ポルトガルなどへも盛んに輸出された。ポルトガルではビョンボ biombo と言い、ポルトガル語として定着している。

この屏風に、「洛中洛外図」つまり京都の都市図が描かれたのである。十六世紀のことだ。都市図であるから、街の様子、人物、商いなどが表現され、まさに浮世の絵そのものだ。「洛中洛外図」は現時点で室町時代から江戸時代に描かれた一六八の作品が確認されている。その後江戸図も描かれた。さらに花見の享楽を描いた『花下遊楽図屏風』や、祭りの熱狂を描いた『豊国祭礼図屏風』、職人たちの仕事を描いた『職人尽図屏風』、そしてポルトガル人を描いた『南蛮屏風』など、屏風絵も絵巻に勝るとも劣らない展開をする。江戸時代になって絵師が狩野派などの御用絵師から町人の絵師に移ると、三味線や踊りなど芸能に堪能な初期の遊女たちを描いた各種の遊楽図、歌舞伎図、邸内図（宴会図）が出るようになる。やがて女性一人の立ち姿を一枚の絵として描き、その後、摺りの版画として売り出すようになり、メディアは一気に、屏風から一枚絵、そして印刷物に移るのである。

扇と団扇

浮世絵につながるもうひとつのメディアが扇だ。扇ははじめ涼をとるためのものであったが、のちには儀式にも用いられた。団扇（うちわ）からヒノキの薄片をつづり合わせた檜扇（ひおうぎ）ができ、その後に紙扇ができた。紙扇は平安時代に発達し、これが檜扇とともに中国に渡り、さらに中国からヨーロッパにひろまっていった。つまり、扇は日本の発明なのである。

平安時代から扇は絵画と筆の表現メディアになる。名手の筆跡や絵を描いたものが作られたのだ。室町時代からは骨が紙の中に入った現在の扇の形式ができ、江戸時代には民間にも普及して、「扇売」や扇の地紙を売る「地紙売」という行商人が出現する。「地紙売」は江戸時代では美男子の仕事とされ、浮世絵や黄表紙にも行商人そのものが描かれる。

扇は江戸時代初期の俵屋宗達によって、庶民が手にする芸術品かつ、物語を伝えるメディアになった。屏風絵で知られるようになった宗達の風神雷神図のうち雷神図は、扇に描かれている。田舎の風景や、『伊勢物語』のシーンや、戦記物語の一シーンなど、小さな扇面にシーンを切り出すその編集技法は、絵巻物の時代から日本の絵師が培ってきたものであった。俵屋宗達は扇面画の工房の主宰者で、俵屋の扇は著名なブランドとなる。

扇のもとであった団扇は、扇の普及とともに姿を見せなくなったが、江戸時代に竹細工と紙の技術が発達すると、祭りや盆踊りに祭りうちわ、踊りうちわが広がり、とくに横長のスクリーンのような形状の江戸うちわの業者は、売れっ子の浮世絵師を抱え、団扇を一大メディアに育て上げたのである。歌川豊国、歌川国芳、歌川広重は日本橋の団扇屋「伊場仙（いばせん）」で活躍し、とくに豊国は、表と裏を一枚のシーンでつなげた、団扇にしかできないシーン構成で、傑作を残している。

日本の絵画類はこのように、インテリアから日常の工芸品や道具など、さまざまなメディアになって受け渡されてきた。とりわけ膨大に残っている絵巻ものはさまざまな展開を遂げ、浮世絵や本の出現に大きな役割を果たしたのである。

印刷技術と出版の多様化

浮世絵を考える際、私は以上述べてきたように、ジャンルごとに分けることではなく、むしろジャンルを超えて何がどう継承されてきたのか、という時間的な「連」が大切だと思っている。それは文学を考える際にも、技術を考える際にも、必要なことだ。

歴史と宗教と思想と美術と文学が分かれ、美術のなかで絵画と工芸と浮世絵が分かれ、美術史のなかが時代ごとに分かれ、文学のなかで戯作と読本と歌舞伎が分かれるなど、近代の「学問」の「分類」が、江戸時代を見えなくしてきた。それらをつなげることによって、多様性がどう展開したのかを、認識することができる。新しい領域の出現の背後には、複数の方法の継承があり、それが新種の登場をうながし、しかも、もとのものも消えず、さらに多様になる。江戸文化はその多様化を恐れなかった。そしてその多様化は、江戸時代に生きたさまざまなジャンルの職人（技術者）や、「家」に生きるとともに「別世（べつよ）」に生きる文化人・文人たちが寄り集まって生み出していたのである。

　浮世絵はいくつもの側面で、連が生み出した文化だった。まず一つめには、絵巻、屏風、襖（ふすま）絵、掛け軸、扇絵、団扇絵、音曲、舞踊、遊郭、歌舞伎。それらのメディアがすべて集結して出現した。もちろん歌舞伎の出現にも、そこに集結した能や狂言や語り物や三味線があった。他のメディアや新領域の出現も、そうであった。こうして、単独の何かから次のものが生まれるのではなく、蒔（ま）かれた多くの種からその要素が混合して新しい技術や文化が生まれるのである。

　二つめには、浮世絵はその変化と展開の節目に、技術の集結がかかわった。紙の技術と生産量の向上、そして印刷技術である。浮世絵はそういうものが出そろった江戸時代でなければ現れなかったのである。江戸時代には、日本史上、いや当時の世界のなかでも、最もすぐれたカラー印刷技術が生まれたのだ。もともと浮世絵はモノクロ印刷物として普及した。本の場合はもちろんのこと、一枚絵の場合も輪郭のみを印刷した。しかしそこに少しずつ色がつくようになっていく。その技術の出現には、連が深くかかわっていた。

三つめには、出版システムである。印刷技術だけであるなら、それは一部の人びとのための芸術となり、一般社会や世界中に広まることはなかった。しかし江戸時代は版元という出版社が生まれ、印刷技術とあいまって、大きな資金が動く市場を形成したのである。次第に浮世絵は質の向上だけでなく多くの量が販売されるようになり、それはさまざまなかたちで海外に流れていった。江戸時代の版元とくに「地本問屋（じほんといや）」と呼ばれた浮世絵や絵本など娯楽の刊行物を扱う版元の経営者たちは、狂歌連などのなかに積極的に狂名をもって入り、当時の文化を担う人びとの創造を支え、それを資源とした。蔦屋重三郎、鶴屋喜右衛門、鱗形屋（うろこがたや）孫兵衛、和泉屋市兵衛、村田屋次郎兵衛、西村屋与八などが代表的な地本問屋だが、そのなかで蔦屋重三郎は「蔦唐丸（つたのからまる）」として、連のなかで知られた存在であった。

浮世絵は、ここまで紹介してきたメディアのなかの、都市生活やそこに暮らす人びとの姿が、個々の人間の姿としてクローズアップされたときに現れた。まだそのとき、大首絵（おおくびえ）と言われる肖像画様式は存在しない。単独の立ち姿や寝姿、複数人の立ち姿や寝姿が、描かれたのである。まだそのとき、浮世絵風景画と言われる風景画も存在しない。劇場空間や遊郭空間、都市や家の中が描かれたのである。大首絵も浮世絵風景画も、版元の発案が大きな役割を果たした。そして版元たちの情報源は、「別世（べつよ）」＝「隠れ家」で活躍する創造者たちだったのである。

一つめの、メディアの歴史についてはすでに述べた通りである。次に二つめの、印刷技術について述べよう。

日本の印刷技術の歴史はとても長い。しかし中国や韓国ほど長くはない。木版印刷の百万塔陀羅尼が現れたのが七六四年と言われ、すでに中国でも朝鮮半島でも印刷はおこなわれていた。そこで、盛んに中国から摺仏（すりぼとけ）や印仏（いんぶつ）が入ってくる。西欧の活版印刷がプロテスタンティズムの拡大のために発展したように、東アジアにおける印刷技術は仏教の布教のために発展したのである。十一世紀には中国で活字印刷技術が出現するが、日本はそのことに興味をもたなかった。朝鮮でも間もなく活字印刷技術が現れるが、日本はそれにも興味をもたなかった。朝鮮活字を国の教育政策に使おうと考え、初めて活字印刷技術に深い関心をもったのは、徳川家康だったのだ。江戸時代直前のことであった。

一方、摺仏や印仏といった絵の印刷物は増え、その印刷物に手で色をつけることもおこなわれた。文様を紙に印刷して、そこに文字を書くことも始まった。十四世紀には中国の僧が日本の寺で印刷物を刷り始める。五山版の始まりである。十六世紀には、堺の医師が出した私家版の『阿佐井野版医学書』(一五二八年)や、奈良の饅頭屋で歌学者の林宗二が出した、やはり私家版の百科事典『節用集』(一五七三年ごろ)に人びとが注目し、求めるようになる。一五九〇年には、アレッサンドロ・ヴァリニャーノが天正遣欧少年使節とともに再来日する際、活版印刷機を持参し、キリシタン版の活字印刷が始まっている。このときアルファベット活字を参考にひらがな活字、とくに連綿体活字(複数文字が続いている活字)が作られている。

家康が熱望していた活版印刷の活字は、中国・朝鮮と共有する漢字活字である。一五九二年の朝鮮侵略戦争の際、日本人は数十万以上の活字を奪ってきたと言われている。その朝鮮銅活字による『古文孝経』が印刷された。しかし実際にその後の印刷で使われたのは、これらを手本として作られた木活字であった。日本の木活字によって、民間業者が『天台四教儀集解』『法華玄義序』を出している。恐らく仏教界が出資者であろう。その後木活字によって出された『錦繍段（きんしゅうだん）』『勧学文』『古文孝経』『四書（大学・中庸・論語・孟子）』『日本書紀神代巻』『職原抄』は天皇が出資者となった勅版だ。家康も『標題・句解・孔子（こうし）家語（けご）』を出している。仏教界は布教や僧侶の学問を目的に、勅版や家康版は、武家の子弟の教育のための教科書作成を目的としている。いよいよ教育を政治政策とする国になりつつあった。

さて、江戸時代に入ると、一六〇三年に、早くも京都の冨春堂という業者が活字で『太平記』を刊行する。もはや仏教界の私家版ではない。市場に売り出すためのものだ。一六〇八年には、京都の中村長兵衛が『五家正宗讃』を出版する。これは達磨以来、五家の各派に至る禅宗の祖師七四人の略伝と概要を書いたものだ。十四世紀から江戸時代に至る僧侶たちの愛読書だったというから、仏教書ではあるが、売れると見込んだ商品としての本であろう。このあいだにはさまれるようにして、一六〇六年には、豊臣秀頼が『帝鑑図説』を活字で刊行している。公家文化に詳しく、名筆家だったとも言われる秀頼が出資したこの本は、古活字本で最初の絵入り本だった。活字と絵とが、初めて本の中で編集され合体したのである。

活字本による京都における出版業者の出現、活字本と絵との合体、そしてキリシタン本が切り開いた平仮名連綿体活字。これらが、ある一点に結実した。「光悦本」の登場である。

俵屋宗達や本阿弥光悦の存在は、単に琳派というグループを生み出しただけではなく、その後の江戸文化に決定的な影響を与えた、と私は考えている。本阿弥光悦はこの、日本における活字文化の発祥の時代に、大きな時代の変化を見て取った。そして自分の字を活字時代に適応させるべく、活字「フォント」に仕上げたのだ。私は、新しい時代を切り拓くひととは、その時代の技術や発想を「使う」だけでなく、そのなかに自分を入れてしまうひとだと考えている。Society5.0を拓くひととは、自分のそれまでの発想のなかで便利な道具を使うひとではない。思い切って飛び込むように、そのなかに自分を入れ、そのなかで生きるひとだろう。それは『ホモ・デウス』が描いてみた、自分を「分割可能な存在」とみなし、「私の体と脳を構成するシステムの一つひとつをモニター」することで、他者と才能を合わせて創造するひとであろう。

本阿弥光悦は、当時「寛永の三筆」の一人で、その文字はよく知られた人気のある文字だった。江戸時代はきれいな文字が良い文字、というわけではなかった。手紙や書類を書くためには「御家流」という文字に統一されていくが、それはあくまで一般流布用の文字であって、人びとがあこがれたのは、自分には書けない個性的な文字なのである。本阿弥光悦の文字には、誰にも書けない個性がある。いわば光悦の一部であり、光悦の才能そのものである。しかし光悦はその自分の文字を当たり前のように自分から切り離し、活字フォントのなかにそれを入れ、自分のアバターとしたのである。

これを「嵯峨本」という。出資者は大富豪の角倉素庵（すみのくらそあん）。光悦自身は「家」としては刀剣の鑑定、研磨、ぬぐいを家業とする本阿弥家の経営者であるが、「別世（べつよ）」では書、陶芸、漆芸、出版および、さまざまなディレクションをもおこなう総合芸術家で、まさに多様な才能がひとりのなかに共存していた。さらに、宗達や楽家（らくけ）の田中常慶をはじめとするさまざまな分野の才能とともに創造活動を展開しており、それは後に光悦村という現実のコミュニティにもつながった。

さてその嵯峨本であるが、『伊勢物語』『徒然草』『観世流謡本（うたいぼん）』など、平安時代とその後代の日本文化を光悦フォント活字で印刷した本である。その紙は「料紙装飾」と言われる。文様を印刷したもので、その上に光悦フォントの平仮名活字で印刷した。謡本では文様を印刷した料紙に文字を印刷し、『伊勢物語』では、活字本に挿絵を入れた。これらの印刷事業や宗達との共作によって、漢字を中心にした教科書作成とはまったく異なる、平仮名を中心にした平安文化とそれを継承した日本文化が、江戸文化の基礎にしっかりと組み込まれたのである。

光悦の事業と並行するように、京都では日本史上はじめて、民間の出版社が次々にできる。新しい時代には新しい企業が興る。冨春堂、中村長兵衛、本屋新七、中野市兵衛などが出版業を興した。一六一五年には新聞が刊行される。いわゆる「瓦版」である。これは一六一四年から一五年に起こった大坂夏の陣を報道したもので、人びとは印刷技術の獲得をきっかけに、出版の次に報道をも求めるようになったのである。こうして、日本の印刷と出版市場が確立した。

印刷による浮世絵の出現、隆盛には、印刷技術の世界で、もうひとつのきっかけが必要だった。今まで述べてきた活字から、整版(せいはん)への転換である。私たちは西欧が進んでいると思っているので、印刷技術の進化は整版(一文字ずつ別に彫る活字ではなく、一ページ分を一枚の板に彫る木版)から活字印刷へ、という順番で考えてしまう。しかし活字を西欧より早く開発していた東アジアでは、活字と整版は共存するものであり、時代や場合によって使い分けられていたのである。中国、朝鮮、ベトナムなど東アジア諸国では、漢文使用者と文字の読み書きができない人びとの二つの階層に分かれていた。漢文使用者は人口のなかでごくわずかであったはずだから、活字出版物は仏教界および識字層とその子弟たちに供給されただけである。しかし九世紀の平安時代に平仮名を発明した日本では、貴族階級でさえ平仮名を使い、和歌や連歌や物語類の普及とともに、庶民も平仮名の読み書きをするようになる。江戸時代に入ると、活字で出版されていた漢書や経典だけでなく、御伽(おとぎ)草子や仮名草子、俳諧や和歌の本、物語類、絵本類が刊行されるようになり、教育現場では往来ものという手紙形式の教科書が使われるようになった。本の種類やジャンルが増えていくに従って、漢字仮名交じり文や仮名による表記、そしてなんといっても「振り仮名」の必要に迫られた。商業は発達し、流通は盛んになり、商品経済と結びついた農村でも文字は必須になる。平仮名使用者たちが漢字を読む機会も増えたが、そのときは振り仮名によって読み、あるいは覚えていった。

当時の活字印刷で振り仮名はつけられない。活字を組むときには、私たちが原稿用紙の形式で知っているようなかたちで、真ん中に区切りを入れ、すべての行に縦線状の枠を置いて、枠と枠のあいだに縦に活字をはめていく。漢字と、大きさの異なる平仮名の共存は難しい。なお嵯峨本は平仮名活字だが、フォントの使用に重点を置いた特別仕様で、大量印刷はしなかった。

江戸時代には中国から多くの本が輸入された。それらを翻訳する作業は、基本的に書き下しと振り仮名なのである。その際、ひとつの漢字の両サイドに振り仮名を振った。たとえば「浴場」という漢字の右に「ヨクジョウ」と振り、左に「ふろば」と振る。書き下しと読み方と和語の三通りを駆使し、翻訳したのである。この方法で多くの中国小説が翻訳され、次の段階ではそれが、日本の地、日本人の登場人物で翻案され、さらにそれが江戸時代の「読本（よみほん）」という創造につながったのである。

この振り仮名による翻訳を笑いの種にした洒落本がある。唐来参和（とうらいさんな）の『和唐珍解』である。これは題名から両ルビになってる。右側には「ホウトンチンケイ」左側には「わとうちんかい」とある。せりふは中国語と日本語が混在し、中国語の場合はすべて漢字で表記した上で、「又来弄舌」は右に「ユウライロンセツ」左に「よくむだをいふ」というように両ルビを振る。北京語ではなく、当時、日本に来ていた中国人商人たちの使う福建語系だが、日本での音読みではなく、中国語をそのまま使った傑作だ。これは活字本ではない。もちろん整版の本である。

活字から整版に転換した理由については諸説あって定まらない。当時の活字印刷技術では、読書人口の増加に追いつくほどの部数を刷れなかった、という説もある。幕府が、版木でないと管理ができなかったからだ、という説もある。今述べてきた「振り仮名の必要に迫られた」というのも、事実に近い。また、絵と文字の共存を重要視する日本のメディアになじまなかったという説も、事実に沿っている。

しかしいずれも、整版になった原因なのか、結果なのかが、わからないのである。確実に言えるのは、整版になったことで振り仮名が増え、翻訳は確実に進み、複数の新しいジャンルが生まれた。整版になったことで、注や解説などを入れることが可能になり、難しい本を大衆向けに刊行できるようになった。整版になったことで挿絵が活用されるようになり、浮世絵と文字媒体とが結び付き、赤本、青本、黄表紙などの江戸の絵本類が飛躍的に発展した。活字を崩せない整版になったことで、板木を重板・類板などのいわゆる海賊版の排除ができるようになり市場が活性化した。このように、江戸時代では活字が「進んでいる技術」とはみなされなかった。整版は本の大衆化と知識の普及に大いに役立った。

4 出版が生み出した新しい知識社会

一枚の板木に文字を彫る整版と、一枚の板木に絵を彫る浮世絵とは、同じ方法をもっている。扱う業者も「地本問屋（じほんどいや）」であり、同じ業者である。ここで、本はどのように刊行されたのか、少し見てみよう。

本を刊行するには、草稿を添えて、版元から行事に開版願いを出した。「行事」とは、書物問屋仲間のうち、四名から八名で構成される、業者仲間自身によるチェック機関である。行事は法度（はっと）（主にキリシタン関係）に触れていないかどうか、他の版元の本を出すこと）でないかどうか、類板（よく似た本を出すこと）でないかどうか、重板（許可なしに、他の版元の本を出すこと）でないかどうか、のチェックをする。その疑いがあるときは仲間内に回覧し、その結果疑いが濃厚となれば、名主や町年寄や町奉行の意見を聞く。江戸時代の書物問屋は学問の本つまり「物之本（もののほん）」を刊行する「書物問屋（しょもつどんや）」と、浮世絵や絵本類、草子類つまり娯楽本を刊行する「地本問屋」とが組織上分かれているので、行事の人数や、意見を伺う相手がそれぞれ違うのであるが、

「ものの本屋」の店頭。恋川春町『鸚鵡返文武二道』1789年　東京都立中央図書館特別文庫室蔵

方法は基本的に同じだ。

同じ本を複数の版元が出すことはよくある。版元は本屋株（営業権）を持ち、板株（版権）を入手することで刊行するのだが、ひとつの板株を複数で持ち、共同出版することもよくあった。それを「相合板」と言う。これはそれぞれが権利をもっているので問題ない。しかし今でいう海賊版、つまり権利をもたずに同じ本を出す重板や類板は犯罪になるので、事前チェックするのである。このような出版の規律チェックが、明治元年になると、業者自身から行政官の手に渡る。自己規律が国家による統制になったのである。どちらが進んでいるのか、自由なのか、まるでわからない。

浮世絵を刊行していた地本問屋は地本草紙問屋、地本錦絵問屋、草子屋、絵草子屋ともいった。物之本を出す書物問屋に対して、娯楽的な地本、各種絵本、洒落本、浄瑠璃正本、芝居絵尽くし（歌舞伎のダイジェスト絵本）、浮世絵、細見、狂歌絵本など、一般的で軽い本を扱う本屋のことである。上方でももちろん娯楽本や絵本は出されていて、それは「下り本」と呼ばれたが、それに対して土地の（江戸の）娯楽本、という意味で地本と言い、そこから地本問屋となった。蔦屋重三郎、鶴屋喜右衛門、鱗形屋孫兵衛、和泉屋市兵衛、村田屋次郎兵衛、西村屋与八など、先述したのが代表的な地本問屋で、一八五三年には江戸で一四六軒の地本問屋が記録されている。

江戸時代に一気に多様化が進んだジャンルはいくつもある。思想界や学問も朱子学だけではなく、陽明学、古学、老荘、国学、それらの折衷、蘭学、そして民衆に道を示す心学など、江戸時代になって多くの論者が出現した。その背景には、教育に力を入れた武士階級がそれぞれの藩の藩校を造り、そこから数多くの私塾が生まれ、寺子屋ができ、階級を問わず読書し議論をするようになった、という社会の変化があった。藩校と私塾の存在抜きには、江戸時代も明治維新も語ることはできないだろう。

藩校と私塾では単に儒教の本を覚えるだけではなかった。声を出して読みながら覚える「素読」の次に、その身体に刻みこまれた言葉の意味を、教師は「講義」で掘り下げる。

そして最後に、学生が交代で自ら講義し、それに対して学友たちから質問を受け、議論をする。この過程を「会業」とか「会読」という。ディスカッションが、考える力をつける重要な役割を果たしたのである。藩校には水戸藩の弘道館、熊本藩の時習館、長州藩の明倫館、紀州藩の学習館などがあり、知られた私塾には咸宜園、松下村塾、適塾、鈴屋、藤樹書院、古義堂、蘐園塾、鳴滝塾などがあった。大分の咸宜園には約五〇〇〇人の学生が集まり、遠くは秋田からもやってきていた。大坂には商人たちが自らひらいた懐徳堂があった。幕府は昌平黌を開き、全国各地に、初等教育のための「手習い」（寺子屋）ができた。一八五〇年頃の江戸府内全体の就学率は、七〇パーセントから八〇パーセント。これは農村部も含めたものである。寺子屋で使う教科書は往来物と言い、手紙文体でできていた。これも『庭訓往来』『商売往来』『番匠往来』『百姓往来』など、地域の職業によって選択肢が多様だった。算術の教科書には『塵劫記』が使われ、漢文の教科書には『三字経』『実語教』『童子教』『孝経』そして四書五経である『大学』『論語』『孟子』『中庸』『易経』『詩経』『書経』『春秋』『礼記』が使われた。

　思想の多様性と議論の能力、その背景にあった広く普及した教育は、今まで述べてきた印刷技術によって出現した「本」が生み出したものである。山東京伝が『御存商売物』

(一七八二年刊)に、江戸のメディアを人間のかたちで登場させた。そこには、八文字屋本や行成表紙下り絵本など、古い上方のメディアをはじめとして、流行に取り残されつつある江戸の赤本、黒本、そして目下もてはやされている青本(黄表紙)、洒落本、袋ざし、一枚絵、柱かくし、咄本、そして流行に関係なくいつもある石摺り(拓本集)、遠近法浮世絵である浮絵や、紅絵、豆絵、紋(役者紋)付けの紙、情報誌である吉原細見、そして浮世絵のなかで最も高級な東錦絵、ゲームである絵半切、道中すごろく、十六むさし、歌を本にした長唄本、義太夫のぬき本、歌舞伎の物真似用せりふ集である鸚鵡石、算数の本である塵劫記、年代記、どうけ百人一首、大津絵、小本、いろは短歌、男女一代八卦、唐詩選、源氏物語、徒然草、早引、古状揃、用文章、庭訓往来、商売往来などが、人物として登場する。しかし実際はもっと多種多様な本があった。登場しなかったメディアや、この後に生まれるメディアとして、評判記、浮世草子、絵入り俳書、旅行用心集、番付、狂歌絵本、合巻、滑稽本、人情本、名所図会、枕絵などがあったのである。本のサイズもいろいろだった。大本は美濃紙を二つ折りにした大きさの本だ。縦は約三〇センチ、横は約二二センチだ。その下のサイズが、半紙本、中本、小本、豆本となる。

『御存商売物』に登場するのは。ほとんど江戸で刊行された本であった。江戸は京都に比べ版元の出現が遅かったが、十七世紀なかごろには松会（まつえ）という出版社ができ、その後、鱗形屋が刊行を始める。そのころから、行商の貸本屋が出現し、各地に本を運ぶようになる。大坂にも書物問屋や絵草紙問屋ができ、『好色一代男』というヒット作が刊行される。

連が生み出した浮世絵の多様性

そろそろ、浮世絵の話に戻らねばならない。浮世絵が屏風や絵巻から始まったことはすでに述べたが、印刷物としての浮世絵は、本の挿絵から生まれてきた。つまり、本の刊行が盛んになったこと、絵草紙問屋が隆盛したことが、印刷物としての浮世絵の背景にある。井原西鶴が活躍する元禄年間（一六八八～一七〇四年）に、挿絵だけでなく、一枚絵の浮世絵が売り出されるようになった。浮世絵は本から自立し、それ自体が商品になったのである。やがて丹絵（たんえ）という、手で彩色した浮世絵が作られる。むろん色数は少ない。享保・寛保年間（一七一六～四四年）に紅絵、漆絵と言われる色彩浮世絵が現れるが、まだ手彩色である。そしてその直後、江戸において絵暦（えごよみ）と役者絵のジャンルで、紅摺絵（べにずりえ）という印刷による色彩版画が現れた。紅と緑だけであったが、濃淡を巧みに使い分け、リアルな色刷り絵になっている。

色数が飛躍的に増え、しかも輪郭と色刷りのズレを生じさせない「見当（けんとう）」という処理方法をもった多色刷り浮世絵が生まれたのは、さらにこの後の一七六五年のことである。これは「錦絵」と呼ばれた。その約二〇年前、中国の絵画マニュアル本『芥子園画伝（かいしえんがでん）』が日本に来ている。これは絵画パーツの描き方と組み合わせ方を指南する本だが、その指南のために多色刷りを用いている。色彩印刷やエンボス（凹凸模様）を使った十七世紀中ごろの便箋の集である『十竹斎箋譜（じっちくさいせんふ）』『蘿軒変古箋譜（らけんへんこせんふ）』が日本に広まったのも、同じころと思われる。それらの刺激や学びを経た文人たちが、職人たちと「連」を組んだ。これが、大小絵暦を作る連である。

大小絵暦は暦の一種で、一月から十二月までの日数が、絵の中に表現されている。絵は多くの場合、その年の干支を表す動物だ。「大小」とは、三十日間ある大の月と、二九日しかない小の月を表す表現だ。今の暦では二月以外日数は変動しないが、江戸時代は年によって変動し、時には閏月（うるうづき）と言って、同じ月が続く。だから年の初めに一年分の情報が必要なのである。なお、江戸時代に三十一日という日付はなく、三十日（みそか）が月の最後の日だ。もちろん「週」というものもない。週がないので、七日ずつ改行するかたちのカレンダーは、江戸時代にはない。大の月と小の月を示す一枚だけのものが、年の初めに出た。絵を描いて暦をつくる趣味のある人たちは、商品を買うのではなく交換していた。そこから「大小絵暦の会」は発足したのだが、それを高度なカラー印刷にすべく、開発が職人とともにすすめられた。大久保巨川（きょせん）を名乗る旗本、浮世絵師の鈴木春信、そして浪人の平賀源内などがこの会のなかにいた。

日本文化にとって画期的な開発が、別世（べつよ）＝隠れ家においてされたのが、まさに江戸時代なのである。近代では労働と遊び、という対立で生活が分類される。その分類にしたがえば、絵暦の会は趣味の会であり、遊びである。『江戸の想像力』で連のことを書いたとき、よく「連とは趣味の会ですか？」と質問された。これは近代における分類を持ち出して江戸文化を理解しようとする問いだ。しかしインターネット上の世界にアバターを作って創造し会話することが、その人にとって生きるということの意味そのものであった場合、それを「趣味」と言っていいだろうか？ 連とはそのような「人間が別世（べつよ）を借りて生きる場」であって、だからこそ重要な文化史上の出来事が起こるのである。

鈴木春信（一七二五～七〇年）の社会的な名前は、穂積次郎兵衛である。庶民生活ばかりでなく、和歌や謡曲から題材を取った「見立絵」も多い。能に詳しいことから、武家の出身ではないかといわれているが、わかっていない。浮世絵史上画期的な「東錦絵」の下絵師であったのは、亡くなるまでの五年ほどだ。この五年間に七〇〇点以上の東錦絵を完成させた。「東」とは「江戸で生まれた」という意味である。東錦絵が、出版をはじめとする文化の中心が京都から江戸に移る転換点に出現したからである。

喜多川歌麿（一七五三？～一八〇六年）の社会的な名前は北川勇助という。初期のころ、北川豊章という名前で、中村座顔見世興行の際の富本正本『四十八手恋所訳』の表紙絵を描いた。浮世絵は多様な出版物を商品化する出版界の成立のなかで発展した。浮世絵は「芸術作品」ではなく、刊行物なのである。そこで新人たちは芝居関係の印刷物や、黄表紙、噺本、洒落本の挿絵を描くのが仕事だった。歌麿は実にまっとうに、その下積みの筋道を歩んだのである。ちなみに富本正本とは、富本節の歌詞を本にしたもので、江戸時代は唄つまり音曲は文学の一種だったのである。

ついでのことに、江戸時代に出現した音楽ジャンルを紹介する。近世小歌と呼ばれる広いジャンルから地歌が生まれ、地歌は山田流箏曲、胡弓音楽、琴古流尺八などを生み出した。歌舞伎踊りは三味線を導入して長唄を出現させ、浄瑠璃と歌舞伎が交わりながら、語り物からは義太夫節、一中節、河東節が生まれ、一中節から豊後節が生まれ、豊後節が新内節、宮薗節、常磐津節、繁太夫節に分岐し、常磐津節が富本節に、富本節が清元節を生み出す。また、長唄からは荻江節(おぎえぶし)が生まれ、これはお座敷の中の歌として広まった。山東京伝は荻江節の作詞作曲もしている。俗謡からは端唄(はうた)、小唄、歌沢(うたざわ)が生まれ、同時に筑前琵琶や中国の明清(みんしん)音楽を演奏する人びともいた。

　唄や音曲もまた、思想や文学や絵と同じように、分岐に分岐を重ねて多様化し続けていたのだ。これら、一中、豊後、新内、荻江、常磐津、富本、清元など流派の名前は個人名である。つまりある個人がある流派のなかで名人になると、その流派と異なる個性を帯びるようになり、そこにまた稽古をする人びとや、芝居に組み込もうとするプロデューサーや、座敷に呼ぶ人びとや、それを出版する版元が現れ流行を作る。そしてまた、そこから別の個性が出てきて、ということを市場において繰り返す。面白いことに、それらを統一しようとするひとは出てこない。また、流行遅れになったからと言って、すぐに消えることもなく共存する。これらの音曲はほとんど今日まで残っているのである。その多様性を支えたのは稽古人口であり、座敷であり、興行であった。今日はまだ歌舞伎興行は残っているが、芸者の座敷が消えつつあり、稽古する人びとも少なくなっている。

　歌麿に戻ろう。つまりこのころの浮世絵の隆盛とその技能の驚くべき向上は、出版界だけでなく、遊郭の芸者とその芸能、歌舞伎の集客力、上方における義太夫の人気などにも、負うところが大きかった。江戸文化をジャンル分けにしてはならないのは、そういう理由なのである。

歌麿は一七八一年、蔦屋重三郎が出版した黄表紙『身貌大通神略縁起』の挿絵で「忍岡歌麿」の名前を初めて使った。歌麿は、蔦屋重三郎の耕書堂で「歌麿」になったのである。その後、歌麿は蔦屋で黄表紙、洒落本、番付、富本正本の挿絵、絵入り狂歌本、および浮世絵を盛んに描くようになる。一七八三年には「喜多川歌麿」を名乗る。このころ、狂歌連のなかに「筆の綾丸」という名が出てくるようになるが、これは歌麿のことだ。蔦の唐丸とともに狂歌連に出入りしていたと見える。つまり、別世に入ったのである。

そしていよいよ一七八八年には、歌麿の実力を全開させた狂歌絵本『画本虫撰』が蔦屋重三郎の耕書堂から刊行される。この浮世絵師による、肉筆ではなく木版印刷の本格的花鳥画は、浮世絵の質と品格を一気に上昇させた。その協力者はすでに紹介してきた、四方赤良をはじめとする狂歌師たちであった。狂歌連と浮世絵師は、別世＝隠れ家において結びつき、ここに狂歌絵本というジャンルが本格化する。その後つぎつぎと、狂歌絵本が出版された。『汐干のつと』は海の底の貝、『百千鳥狂歌合』は鳥である。『画本虫撰』は植物と昆虫であった。この三部の狂歌絵本を一緒にすると、浮世絵による本草・博物画集というべきものになる。しかしそこには狂歌がともなう。文学、絵画、本草学は合体していた。そして一七九二年には、蔦屋重三郎の新機軸「美人大首絵」が、背景の「雲母摺り」とともに始まった。蔦重から美人大首絵が出されると、他の版元は歌麿に押しかけた。美人画ブーム、美人大首絵ブームというべきものがやってきて、歌麿は一七九六年ごろまで、大量の仕事をこなす。

その後、写楽に受け渡される「大首絵」を、蔦屋重三郎はなぜ歌麿に描かせたのか？私はここにも連の力が働いたとみている。キリシタン時代にセミナリオ（イエズス会が設けた学校）で描かれたマリアやキリストを除くと、日本で最初の西洋肖像画を描いたのは平賀源内だと言われている。アムステルダムから入ってきた銅版画がその原画であることもわかっている。その銅版画をもとに描かれたGaseoというサインの入った、もう一枚の絵画もある。その後、胸から上の肖像画を描いたのは源内のそばにいた小田野直武で、「児童愛犬図」が残っている。しかしその後、日本人が肖像画を描くことはなかった。

大田南畝は、平賀源内が彼を称賛したことで、当時の別世の創造者たちに広く知られるようになった。大田南畝の狂詩集『寝惚先生文集』の序で、源内は「馬鹿孤ならず、必ず隣有り」と書いた。「徳孤ならず、必ず隣有り」のパロディだ。笑わせる才能の出現は、必ず連なる人びとを呼び寄せる、という意味である。しかし平賀源内は一七七九年に獄中で亡くなっている。蔦屋重三郎が源内に会った形跡もない。だとすると、あまり日本人が関心をもたなかった肖像画という様式を知っているのは南畝である可能性は高い。さらに森島中良という蘭学者も、現実世界では桂川家という蘭学を家業とする家柄の者であるが、同時に別世(べつよ)では、竹杖為軽(たけつえのすがる)という狂歌師だ。この人も源内を知っている。鈴木春信が下絵を描いた東錦絵が、源内をはじめとする連の人びとによってプロデュースおよびディレクションされたように、美人大首絵は、連のなかで発案されたのではないか、と私は考えている。それには、博物画ともいうべき、写真のように繊細で詳細な描き方をできる歌麿と、それに応えてきた彫師、摺師の技量が必要だった。そうして生まれた歌麿の美人大首絵は、そのおくれ毛の一本一本、結った髷(まげ)の向こうに透かして見えるかんざしなど、まさに脅威の出来だった。モデルになった遊女や芸者などの個性も、顔だけでなく着物の着方やしぐさなどで明確に描かれた。やがて春画を描くようになるのだが、その技量は春画にも生かされた。春画と並行に描くようになった母子図における子どもの表情は、他を抜きんでている。

大首絵を継承したのは東洲斎写楽（一七六二？〜一八二〇年？）である。ただし作品制作は一七九四年から一七九五年のなかの一〇カ月間のみであった。素材はその時期の芝居と相撲に集中しているので、スケッチしたと思われる。写楽の浮世絵はすべて、蔦屋耕書堂から出版されている。写楽の役者絵にははっきりした特徴がある。それはまず、歌麿のように繊細で詳細でリアルなプロフェッショナルの絵ではなく、おおざっぱで乱暴なアマチュアの絵であることだ。しかし、それでこそ緊迫感がある。その演目を舞台で見た人なら、写楽の絵によってその瞬間の登場人物の心境をすぐに思い出すであろうし、見ていないのなら、登場人物の感情の高まりをすぐに理解できる。従来のように役者絵を美しい静止画として描くのではなく、顔と手の表情のなかに「ドラマ性」が充満する劇的な瞬間として描いている。今にも動き出しそうだ。よく知られた「奴江戸兵衛」は、『恋女房染分手綱』の一場面で、主人公与作の忠僕で善人の奴一平から、金を奪おうとする瞬間だ。

写楽は、現実社会では、阿波藩・蜂須賀家の能役者、斎藤十郎兵衛であると言われている。写楽の作画期、斎藤十郎兵衛は三二、三歳であった。写楽については、突如現れて一〇カ月で消えたことから、「誰だ?」という好奇心を呼び、諸説が展開した。しかしこの「誰かわからないと落ち着かない」という心理は、江戸時代にはなかった。現実の身分社会を生きる者たちが、別世に生きる別の自分をもっていることは、当たり前のことだったからだ。

葛飾北斎（一七六〇～一八四九年）は、歌麿が軌道に乗せた狂歌絵本で世に出た。しかしそのテーマは植物でも鳥類でも人間でもなく、江戸そのものだった。一七九九年に蔦屋から刊行された『東遊（あずまあそび）』である。評判になり、のちに『画本東都遊（えほんあずまあそび）』として刊行された。北斎は現実社会でも絵師であり、絵を描くこと以外に手を出すこともなかった。しかし勝川春朗、宗理、北斎など、生涯に三〇回名前を変え、九三回引っ越している。むしろ現実世界が希薄で、まるで別世（べつよ）にのみ生きているようだ。

『北斎漫画』は、目的としては絵を描く人のためのパーツ集である。しかしそこには、それまで誰も描けなかったダイナミズム（動き）があった。江戸時代に発生した「写真＝真を写す」というリアリズム絵画の発想がもとになって生まれたと思われるが、北斎の関心は人間と自然界の「動き」にあった。歌麿が止まっている人や鳥の一瞬の姿態を詳細に描いたのと対照的に、北斎は常に動きのメカニズムを追っているので、静止画である浮世絵を見ているにもかかわらず、次の動きが想像のなかで見えるのである。

北斎は、浮世絵風景画の発明者でもある。それまでは人物を描くのが浮世絵であったが、江戸の名所を描いた狂歌絵本と、その特性である「動き」の極めて正確な描写を組み合わせて、浮世絵の世界に風景画が出現したのである。

歌川広重（一七九七〜一八五八年）は、実社会では江戸八代洲（やよす）河岸の定火消（じょうびけし）同心、安藤家の者である。満十四歳で歌川豊広に入門し、翌年にはもう歌川広重だったというのだから、早くに才能を認められたのだろう。やがて家督を譲って浮世絵師となった。『東都名所』（一八三一年）を描いて知られるようになり、一八三二年には幕府の行列に随行して京都へのぼり三三年『東海道五十三次』を刊行する。こうして北斎が開発した浮世絵風景画というジャンルは、広重によって浮世絵を代表するまでになった。

幕末の一八五六年から五八年にかけて、一一八枚に及ぶ『名所江戸百景』が刊行される。ここでは、存分に浮世絵の遠近法の特質が発揮され、さまざまな実験がおこなわれている。北斎が、大きく速度をもった動的表現をしたのと異なり、『名所江戸百景』は日常のひとの動きや太陽や雨などの見慣れた速度や動きの、スナップショット集である。しかしながら、静止画であるにもかかわらず動画の効果を出している点では、北斎と広重は共通している。一枚の絵の中に季節、おおよその時刻、人の動きがすべて見て取れるように構成されている。たとえば『名所江戸百景』の一枚「日本橋・江戸橋」では、日本橋の欄干が手前にクローズアップされ、はるか向こうに江戸橋と、そこに並び立つ蔵が見える。蔵の向こうの空は赤く、その中にわずかに顔を出す太陽の上の端が見える。日本橋の欄干にもう一度目をやると、その手前に桶（おけ）の端が見え、桶の中にはカツオが横たわっている。桶からは細い綱が伸びているが、人の姿は隠れて見えない。

この絵は大事な指標がすべて「端」だけで示されているが、すべてが読める。カツオによって初夏であることがわかり、江戸橋の方向に太陽がのぞいていることで夜明けであることがわかり、日本橋と桶の位置から、魚河岸でカツオを仕入れてきたばかりの、棒手振（ぼてふ）りの魚屋が、今この瞬間に目の前を通り過ぎたことがわかるのだ。つまり、彼は走っている。急いでいる。今日一日でどれだけ初ガツオを売ることができるか、それが勝負なのである。このように日常の風景だからこそ、「端」だけで、動画を見ているような錯覚が起こる。

『名所江戸百景』は、ゴッホにも大きな影響を与えた。「大はしあたけの夕立」はほぼ模写されて『雨の大橋』（一八八七年）となった。しかしこの二枚を比較することで、広重の浮世絵のもうひとつの特徴がはっきりする。それは観る者の想像の視野が、広重では画面の上下と外側に広がり、ゴッホでは内側に凝縮することである。「大はしあたけの夕立」は単なる雨の絵ではない。「夕立」の絵なのである。だから人びとは突然降りだした夕立

「大はしあたけの夕立　夏」歌川広重　ボストン美術館蔵　William Sturgis Bigelow Collection 11.36945 Photograph ©2020 Museum of Fine Arts, Boston. All Rights Reserved.c/o DNPartcom

にあわて、そこから逃れようとするかのように、画面の左と右に走っている。船頭はあわただしく櫂を動かすが、なかなか進まない。なぜ進まないと感じるのかというと、坂であるはずがない川面が斜めに描かれていて、船がその上方に向かって逃れようとしているからだ。画面上は黒雲に覆われ、そこから斜めに雨が落ちている。

ゴッホの『雨の大橋』はほぼ模写しているにもかかわらず、絵全体を、漢字を配置した額のようなもので囲み、閉じ込めている。同じような姿態の人びとであるにもかかわらず急いでいるようには見えず、斜めに降る雨は縦にも降っていて、不安を掻き立てない。無難に収まったシーンになっているのだ。同じようなことは「亀戸梅屋敷」とゴッホの『梅の花』（一八八七年）でも起こっている。広重の、絵の外側に存分にのびのびと枝を広げる梅の「自由さ」は、ゴッホの漢字のつまった額によって抑えられている。広重の絵の特徴は、北斎よりもさらに極端に、画面の外側に想像力が伸び広がるよう、トリミングしていることだ。そのために江戸は、とくに水に導かれ、広々とした自由な空間として開けていく。

ゴッホの意図は異なる。『雨の大橋』と『梅の花』に共通している意図は、黄色く塗った橋と、黄色く塗った梅林に、観る者のまなざしを集中させることであった。だから、

『雨の大橋』フィンセント・ファン・ゴッホ　1887年　ファン・ゴッホ美術館蔵　Photo: Bridgeman Images / DNPartcom

外ではなく内側に凝縮する。黄色はゴッホにとって、「明るい日本」の象徴であった。

このように、浮世絵は風景画を確立してヨーロッパにまで影響を与えたのだが、それだけではとどまらなかった。歌川国芳（一七九七〜一八六一年）はまた別の特徴を浮世絵に与えた。それは、強烈な色彩と、風刺と、笑いである。

『通俗水滸伝豪傑百八人』シリーズ（一八二七年頃）で、歌川国芳は一躍「武者絵の国芳」と言われるようになる。日本の刺青（彫り物）はここで変わった。縄文時代から日本はまじないとしての刺青をアジア諸国と共有していた。おそらく海のネットワークにおける影響である。しかし大陸の人びとの流入と混血、文明化、律令国家の成立などで、刺青は中国でおこなわれていた「刑罰としての入れ墨」となり、やがて江戸時代になると、「何某いのち」という、男女の誓いの「刺青」が加わった。つまり日本には墨色の「入れ墨」と「刺青」しかなかったのである。しかしこのシリーズをきっかけにして、全身にほどこす色彩刺青が日本に生まれたのである。全身に躍る「倶利迦羅紋々」の登場である。とりわけ『通俗水滸伝豪傑百八人』のなかの朱貴、張順、九紋龍史進の全身に、刺青が見える。倶利迦羅紋々はその九紋龍史進の身体を飾る九匹の龍（倶利迦羅龍王）に由来する。実際の『水滸伝』には、史進の刺青にしか言及はなく、その挿絵から見ても地味なものだ。『通俗水滸伝豪傑百八人』は、江戸時代における「水滸伝もの」の浮世絵版であり、脚色がなされている。

国芳の絵は、『相馬の古内裏』のような、巨大な骸骨と人間、『宮本武蔵と巨鯨』に見られる巨大な鯨と人間など、大小を極端に対比的に描いたスケールの大きな画面に特徴がある。どれを見ても物語の迫力を感じるものばかりで、ここで試みられているのは物語のシーン化ではなく、物語のもつ人を動かす力の表現である。『源　頼光公館　土蜘作妖怪図』（一八四三年）では、物語の力の中に、天保の改革をからかう内容を盛り込み、妖怪の群れが天保の改革（一八四一〜四三年）で苦しんだものたちと思えるように、暗示的に描いた。

この風刺性は落書漫画や魚類の擬人画を生み出した。傑作なのは『荷宝　蔵壁のむだ書』で、どう見ても落書きなのだが、よく見ると役者絵なのである。天保の改革では役者の似顔絵が禁止されたからである。これは奢侈禁止のひとつで、女髪結の禁止や、高価な櫛やきせるの売買禁止、芝居小屋の移転、寄席の閉鎖などもおこなわれている。物価の引き下げや、問屋制度の無効化、アヘン戦争を経たのちの軍事の整備などもおこなわれているが、お金が動く芝居や日常の高額商品の禁止で、世の中の空気は落ち込んだ。だからと言って浮世絵師は従うわけでもなく、むしろ笑いに転換していくすべを獲得したのである。

心をなごませるものとして、現代社会では猫の映像が流行している。この時代もそうだった。国芳といえば猫、といわれるぐらい、『猫飼好五十三疋』『猫の当字』『猫のすずみ』『おぼろ月猫の盛』『鼠よけの猫』など、猫の絵を浮世絵に定着させたのだ。笑いなごむものが必要な時代。それが幕末だった。

遠近法を駆使した北斎、広重とは異なって、国芳は陰影法を浮世絵に持ち込んだ。『忠臣蔵十一段目夜討之図』は遠近法と陰影法を駆使し、月夜におおぜいの登場人物を動かしている傑作である。このように浮世絵師たちは常に新しい技術や見え方を海外から吸収し、それを日本が持ち続けてきた視野と、個々の浮世絵師の才能の特質に入れ込んで、それぞれの新しい方法を作り上げていた。浮世絵一つをとっても、江戸時代は実に多様な展開をしていたのである。

5　別世の風景

作家の朋誠堂喜三二が実社会では秋田藩士であり、秋田藩御留守居役の平沢常富である

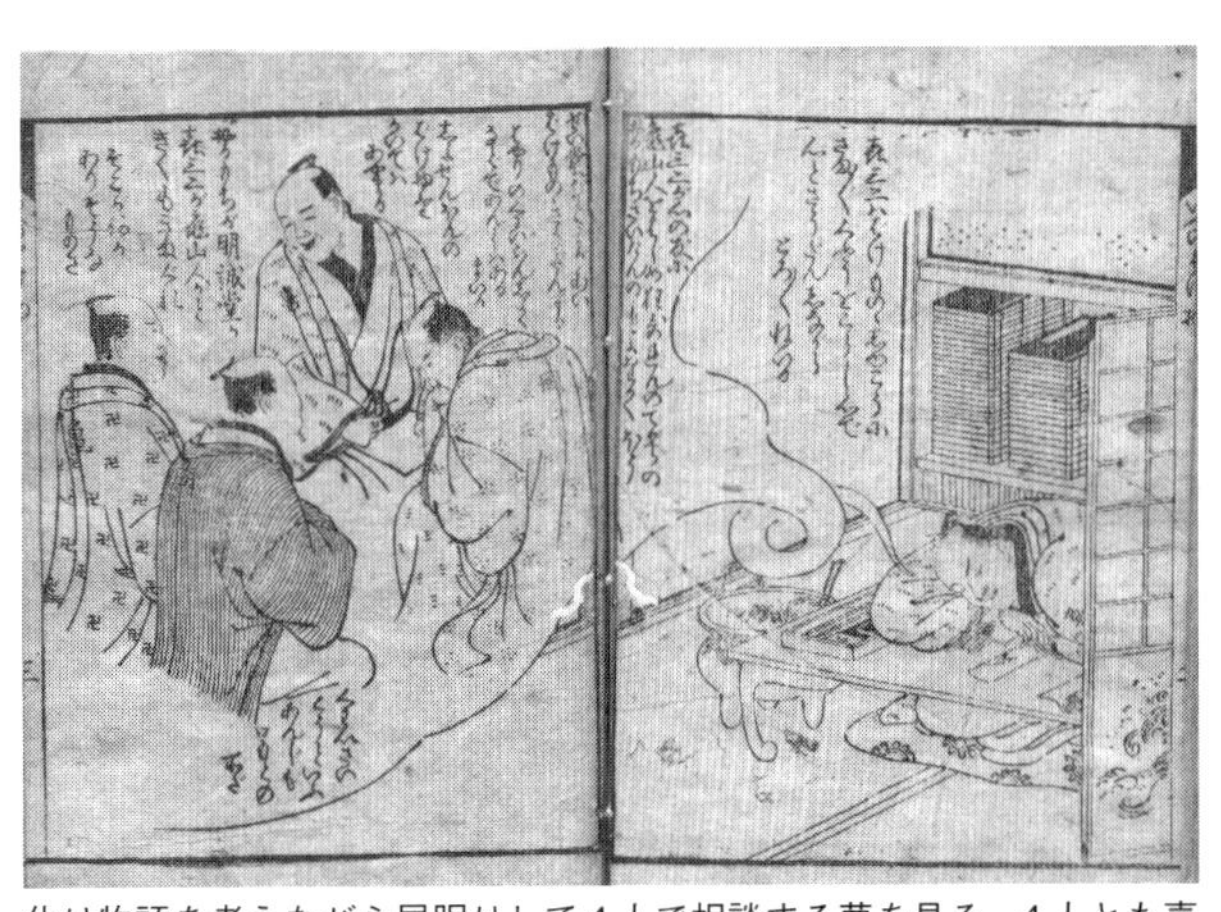

化け物語を考えながら居眠りして４人で相談する夢を見る。４人とも喜三二。黄表紙『亀山人家妖』朋誠堂喜三二。国会図書館蔵

ことは、すでにご案内のとおりである。その喜三二があるとき『亀山人家妖（きさんじんいえのばけもの）』という黄表紙を作った。主人公が夢を見ている。作家として新作の化け物話の趣向にさまざまな工夫をこらしながら居眠りをしてしまったのである。その夢のなかに三人の登場人物が出てきて、夢を見ている本人も登場し、四人で趣向の相談をする。三人とは、心の友の亀山人さん、狂歌師の手柄岡持さん、吉原細見（ガイド本）の序文ライターで有名なほうせい堂さんだ。

手柄岡持さんが「はやりのかいらんしょくなどの案じはあるまいか」と言う。かいらんしょくとは皆既日食のこと。当時、話題になっていた。「あれでやってみたらどうか」と言うのである。「しょせん本物の化け物を書いてはダメだ」とも助言する。いろいろ話しているうちに、「岡持が朋誠堂か、喜三二が亀山人か、ときくもきまぐれ」となりながらも「いやそこは何とか方法がありそうだ」などと、まだ相談は続く。名前からわかるように、この四人はすべて朋誠堂喜三二本人である。夢に出てくる三人がアバターなのか、それとも主人公も含めて四人がアバターなのか、考えてもしようがない。

この描き方ではっきりわかるのは、彼らが意識的、意図的に自分を名前によって分岐させ、活躍の場を使い分けていることであり、それを周囲もわかっているので、それじたいを本人も版元も商品化していることである。そしてその商品化された別世(べつよ)における「複数のわたし」の風景が、ときどき顔を覗(のぞ)かせる。

『吉原大通会(よしわらだいつうえ)』(一七八四年刊)という恋川春町(一七四四〜八九年)が作った黄表紙がある。これは雨後庵月成(うごあんつきなり)つまり朋誠堂喜三二を「すき成」という名前で主人公にした黄表紙だった。子どもたちからとんびを救ったすき成を、そのとんびが天通と名乗って誘いに来て、吉原で大通人の経験をさせてくれる、という話である。

そのなかに連の人びとが集まるシーンが見える。すき成が初雪の興に乗じて、狂歌を詠もうと思ったとたん、天通はすぐそれを察し、通力で、江戸の狂歌の名人たちが大文字屋

（加保茶元成の妓楼）に集っていたのを、すき成のいる菊葉屋へ呼び集めてしまったのだ。菊葉屋には手柄岡持、元木網、四方赤良、酒盛入道常閑、朱楽菅江、紀定丸、大腹久知為、平原屋東作、大屋裏住、腹唐秋人、加保茶元成、蔦唐丸が集まった。

すき成は「いや面白い。これでは、俳諧は厄払いじゃないが、西の海へ、さらりと流しちゃいましよ」と節分の厄払いの言葉を言う。そして「私は釣りが好き成だから、手柄岡持と名を付けよう」と。

元木網は、酒屋で使う漏斗を頭にかぶって前掛けをしている酒屋風の四方赤良（大田南畝）の格好を見て「赤良さん、漏斗の冠と本の後前垂姿はご趣向だね。私何ぞは、趣向を作者が何も考えないから、やっぱり元木網で普段通りさ」と言う。たしかにまったく普通だ。

朱楽菅江は黒い頭巾に梅と水仙をさし、天神様の姿で、清盛風の酒盛入道常閑に「その襟巻は素敵だが、掻巻は、酒盛入道の清むりとは、ちとこじつけに無理があるね」とケチを付ける。清盛気取りの常閑は「菅江の袖頭巾に投げ入れの梅はよいが、止めの水仙は、ちと、お粗末の天神だ」と、ケチをつけられた返報を言う。

南畝の甥の紀定丸は頭に占いで使う筮竹を被っている。「占いは儒教を学ぶ一法だが、とかく気が定まらず、思案にくれてる紀定丸サ」と。

くちい（久知為）は「もう大腹久知為（はらいっぱい）だから、茶を飲みたい。眠い眠い」。頭に載せているのは茶の袋か。

平秩（へずつ）（平原屋）東作はせんべいの袋をかぶって、「敵餅袋を逆さに被れば、とりもなおさず、べいせん屋東作ならぬ頓作（座輿）の出立さ」と。自分の平原屋の屋号を煎餅袋を逆さに披って、べいせん屋と洒落ているのだ。

大屋裏住は「土の車の吾（われ）らまで、かゝる時節に大屋裏住」と能『土車』のなかの一節でその知識を披露。

秋人は「腹唐秋人は良い絹を着てるよ。ほら竜紋という上等の白絹だ」。たしかに平安貴族のような立派なものを着ている。

加保茶元成は顔をすっぽり覆っている。「人さまに、見せない加保茶元成ふりは、背は高くて、ほんに、なんとかいう古歌取りさ」と言う。これは先代の市兵衛を歌った「背は低うて鼻落ちる」のパロディである。

そこへ、「吉原の日本堤にも葉の繁っている」蔦唐丸（蔦屋重三郎）という狂歌師が現れ出て、お願いですから「ソレ、初雪に狂歌もさることながら、どうぞ、出来ることなら、この御人数で、十一幕の狂言を、即興でお書きください」と硯（すずり）と紙をさしつける。唐丸が

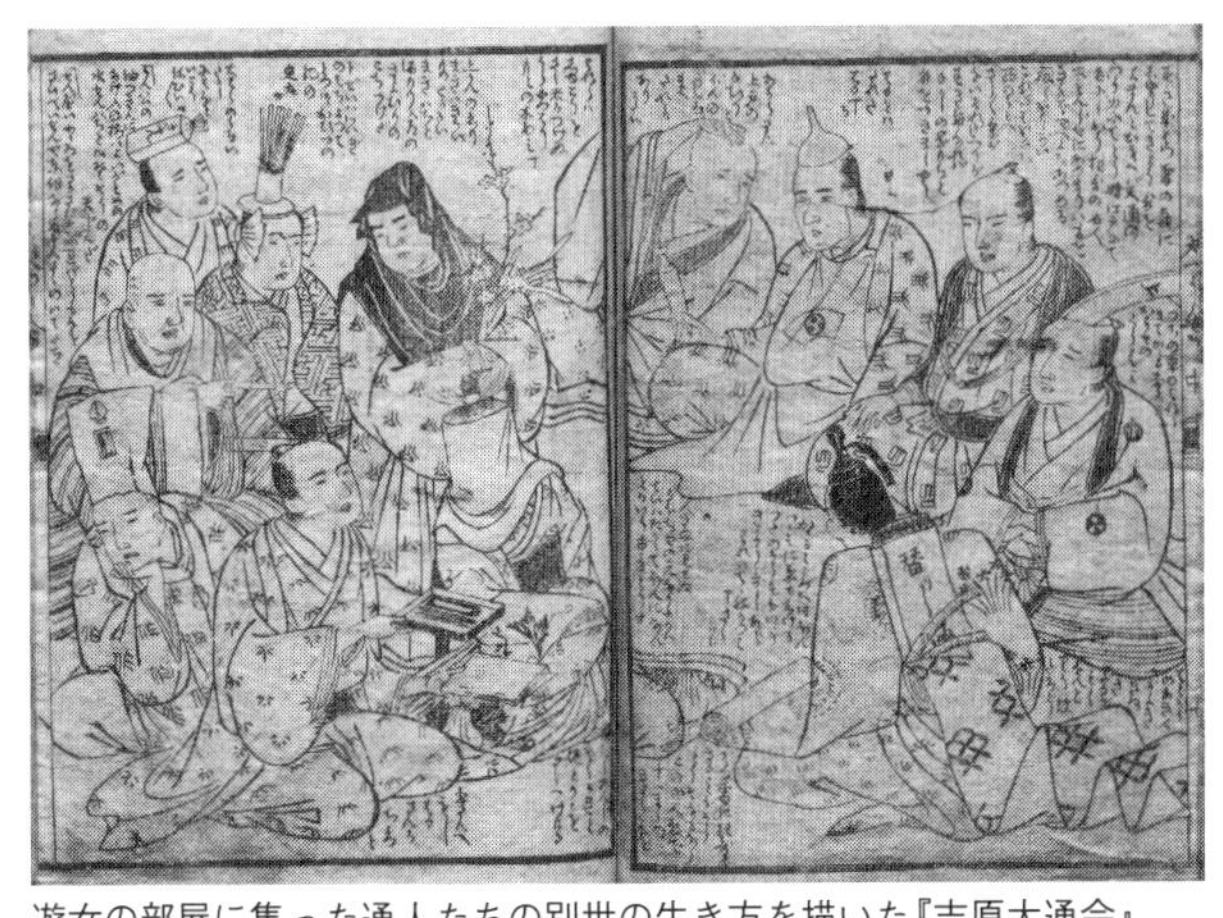

遊女の部屋に集った通人たちの別世の生き方を描いた『吉原大通会』
恋川春町　1784年　国会図書館蔵

「直さんへ（南畝＝直次郎）、もし、春さんが、ちょっと」と言うと「春は誰だ。恋川春町のことか」と赤良。

普段、彼らはこんな格好をしていないだろう。しかし想像の別世では、かれらはこういう風なのである。まさにアバターだ。『吉原大通会』は、もうひとつの宴会を描いている。こちらは、別世の名前を朝四とも晩得とも言う、秋田藩江戸留守居役、佐藤祐英の宴席で、その朝四が作詞した荻江節『九月がや』の披露を、荻江露友を招いておこなっている。実際におこなわれたそうで、場所は吉原まつかねやの遊女、九重の座敷だったという。平沢常富も秋田藩御留守居役である。朝四は同僚であり友人であったのだろう。
これらは別世の生き方を、バーチャルな風景として描いているが、天通の通力を使って実現されていることから、吉原における音曲つきの宴席や連の会合は、いわば別世のひとつの表現であり、願望だったのだろう。通力がないことには実現できないのが、この徹底した通人の世界だということは、ふだんはこういう別世を彼らはもっていないのである。基本的に自分を分岐させて参加させていく世界とは、決して贅沢な遊びの世界ではなく、創造そのものだったのではないだろうか。別世に集う人びとは現実を生きているが、別世はバーチャルな世界なのであり、その別世で発揮された才能が江戸文化を創り上げていったのだ。

それでも、吉原が『吉原大通会』の舞台であったことや、荻江節がその背後に流れていることには、意味がある。吉原と三芝居、いわゆる悪所は、社会システムの外に置かれた「別世」を象徴する場所だったということだ。幕府はこれらを公認することで囲い込み、郊外に置くことで排除し、その背反する方法で制御していた。一方吉原と三芝居はその制御を十分に知りながら、面従腹背して幕府の意図とは異なる文化を常に創り出していたのだ。

そして、とりわけ重要なのが「笑い」である。別世（べつよ）のひとつの究極、あるいは哄笑（こうしょう）の場が、山東京伝が描いた『腹筋鸚鵡石（はらすじおうむせき）』である。「鸚鵡石」というのは歌舞伎の物真似集のことだ。つまり歌舞伎の名セリフ集のことである。歌舞伎のカラオケ台本、とでもいうべきものである。しかしこの本は、セリフではなく形で物真似するための本である。いや、歌舞伎の型の物真似ではない。別の生き物になるための本だ。カエルを呑んだヘビ、朝起きたばかりの蝶々、トンビとカラスのかけあい、釣り竿のえさにくらいつこうとしているクロダイ、シラミ、おしどり、たこ、ハエ、やぶ蚊、蜂、メジロ、雀、金魚、かたつむり、蜘蛛、鷺（さぎ）、どじょう、猫、犬、すっぽん、こうもり、いなづま、蠟燭（ろうそく）の流れ、菓子を体いっぱいにつけた梅の木。状況から見て座敷芸である。なぜならこれを応用した『座敷芸忠臣蔵』という作品も山東京伝にある。トンビとカラスの掛け合いや、ふくろう、こうもり、鶏、蠟燭の流れになりながら、忠臣蔵の役を同時に演じる、という超難関のアバター芸だ。

自分を分岐しただけでなく、分岐した自分が異なる生き物になるのが『腹筋鸚鵡石』である。山東京伝の文章によると、それこそが演劇の根源なのだという。「天地の造物、自然（おのづから）脚色なくんばあるべからず」、すなわち、生きとし生けるものにはすべて身振り声色の特色がある、と。刺激を受けたのはどうやら中国は明の戯曲家、李漁（笠

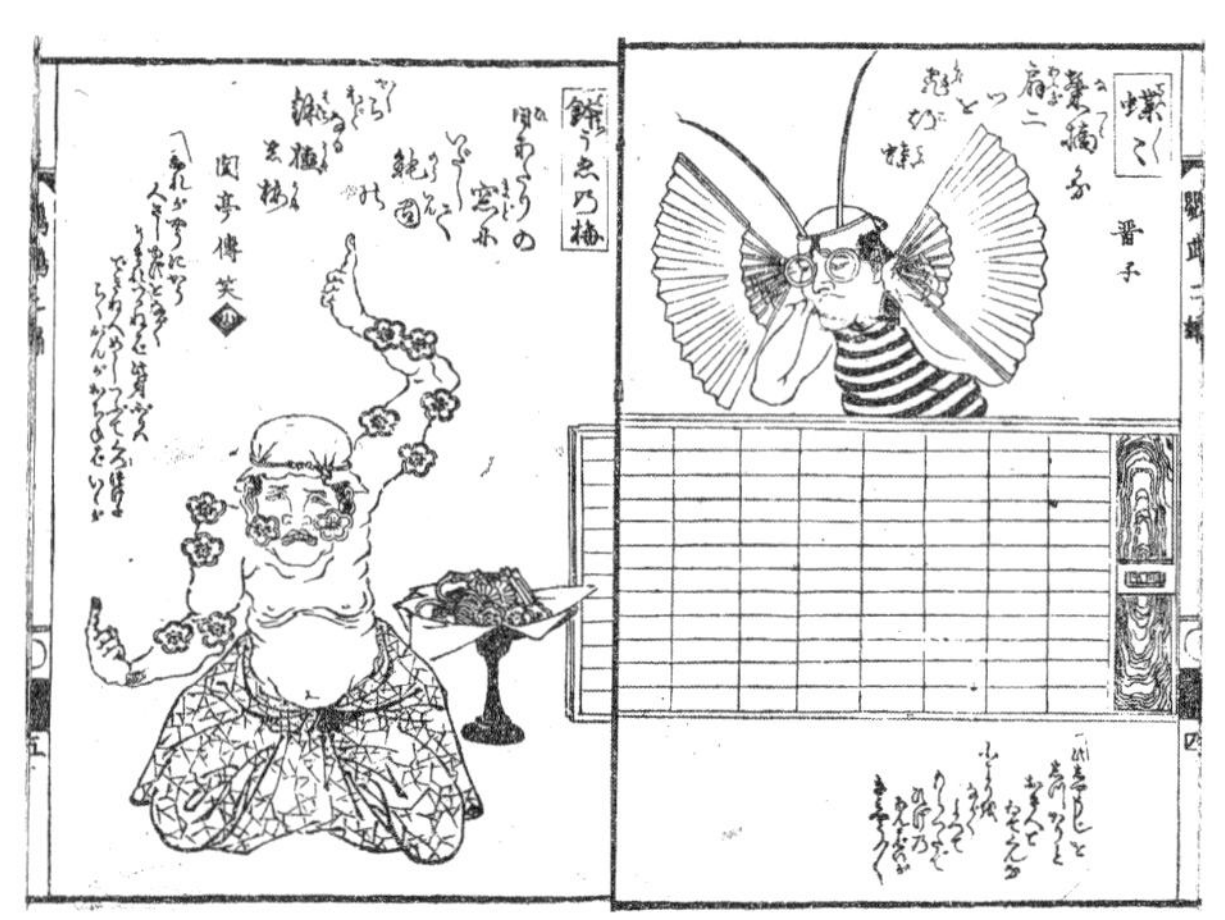

菓子を体いっぱいにつけた梅の木（左）と、朝起きたばかりの蝶々（右）。

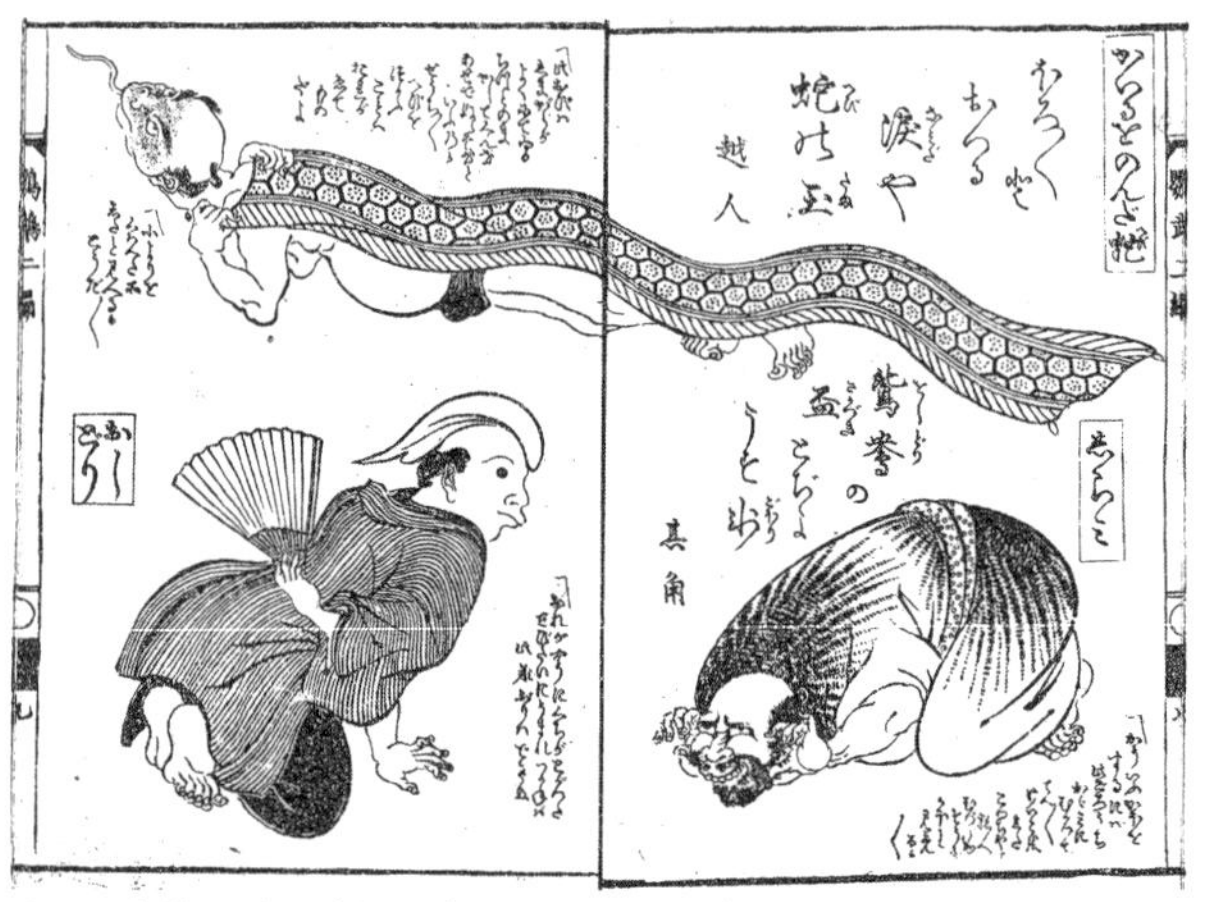

カエルを呑んだヘビ（上）、左下はおしどり、右はシラミ。
『腹筋鸚鵡石』山東京伝　国会図書館蔵

翁）の書いた崑曲の『蜃中楼』だ。決して権威付けではない。中国人が海の生き物になって活躍する演劇をもっていることに心から感心し、仮託すなわちアバター化ということにひらめきがあったのだろう。しかし『腹筋鸚鵡石』『座敷芸忠臣蔵』は崑曲よりはるかに笑える。『吉原大通会』の通人の世界も別世だが、生き物の世界も別世である。そもそも芸能というものがもっている別世の活気を、江戸時代の人びとは大いに発展させた。それを演じていたのは、極めて多様な芸人たちだった。

ここで、歌舞伎や浄瑠璃のみを思い浮かべがちな江戸時代の芸能について、少しだけ触れておこう。江戸時代には「乞胸」という芸人たちがいた。芸をおこなっているときは賤民とされたが、おこなっていないあいだは商人や職人と同じだった。綾取と言われる曲芸師、猿若というコメディアン、江戸万歳をおこなう漫才師、辻放下という皿回し、操りという人形まわし、手品師、仕方能という能役者の物真似芸人、歌舞伎役者や鳥や獣の物真似芸人、説経節語り、物読という古戦物語の素読者、講釈師、芸を見せながら売薬をおこなう香具師、鞠で曲芸し歯磨きを売る曲鞠、唄廻しというコマ廻し、軽業と呼ばれる綱渡りなどだ。乞胸の由来は、武士たちだった。江戸時代の初めに改易された武家から、多くの失業武士が生まれる。一六四三年ごろ、日本橋には乞食が八〇〇人ほどたむろしていたという。そのなかの長嶋礒右衛門が小伝馬町に暮らし、宮芝居を始めた。一六五一年までのあいだに、江戸時代の改易の八割が集中していた。そこに由井正雪の乱が計画され、発覚する。やがて乞胸頭が誕生し、そのもとで多くの武士が芸人になるのである。幕末の一八六九年、乞胸頭支配は五五〇人ほどいたという。

江戸の大道芸人はそのほかにも大黒舞、住吉踊り、よかよか飴売りなどがいて、両国橋のたもとで緞帳芝居という大衆的な芝居をおこなう役者や芸人たちもたくさんいた。『腹筋鸚鵡石』の発想のなかには、彼らがおこなっている「物真似芸」がある。そしてそれをおこなっている芸人の祖先は武士なのである。

身分制度とは、案外もろいものだ。それをどこかで感じながら、江戸の武士や町人や職人たちは、別世でも生き続けた。

しかし、別世の活動は、社会システムと衝突することはなかったのか？　それは何度もあった。一七八七年に始まった寛政の改革は、まさに江戸文化の多様性の統制に乗り出す改革だったからだ。一七九〇年に、幕府は朱子学以外の学問を禁じ、朱子学者を特別に取り立てる異学の禁を出した。学問・思想の世界にあった多様性を、幕府への権威集中のために統制しようとしたのである。つまりは忠実な役人を作るためである。

出版統制令はさらに大きな影響を与えたのだ。山東京伝は一七九一年、洒落本『錦之裏』『娼妓絹籭』『仕懸文庫』の三作によって、手鎖五〇日の刑となった。版元の蔦屋耕書堂も店の規模を半減させられた。そして恋川春町は、黄表紙『鸚鵡返文武二道』（一七八九年刊　蔦屋耕書堂）を刊行した年に亡くなった。

『鸚鵡返文武二道』にはこんなシーンがある。物之本屋「須原屋」で本を選ぶ武士。「菅公の御作の九官鳥を調べたい」「いかのぼりのお譬へは、面白ふござります」。「九官鳥」とはこの作品のなかに出てくる『九官鳥のことば』という書物のことで、これは松平定信の書いた『鸚鵡言』のパロディなのだ。「いかのぼりのお譬へ」とは、『鸚鵡言』のなかにある「政には時と勢と位とをはかるを要とす。この三つを凧を上ぐるを以て譬えん。（中略）江戸にては春を得しは時なり。風を得しは勢なり。其風の吹くを待ち付けて上がるは其勢をうるとやせん。（中略）我身高き処に登り、四方の梢を下に見て、風を得て放てば九天へと達すべし」というくだりをさしている。そこで、次に凧上げのシーンとなる。「天下国家を治むるは、いかのぼりを上るやふなものといふ譬へを、いかのぼりをあぐれば天下国家は治まると心得違いをして、よい歳をしてわれもわれもと凧を上るに」と、菅原道真の時代の官僚たちがこぞって凧を上げているシーン。

菅原道真の姿を借りて時の政治家・松平定信をからかった黄表紙『鸚鵡返文武二道』恋川春町　1789年　東京都立中央図書館特別文庫室蔵

菅原道真とは松平定信。『鸚鵡返文武二道』は『鸚鵡言』をからかう作品であることは明白だ。内容を詳細に読むと、どこにも批判はない。「天下国家を治むるは、いかのぼりを上るやふなものといふ譬へを、いかのぼりをあぐれば天下国家は治まると心得違いを」しているのは登場人物であって作者ではない。「学問の道日々さかんになり、孝弟忠信の道さかんにおこなわれ」という記述は、寛政異学の禁を批判どころか、称賛しているように見える。

しかし作品全体からただよってくるなんとも言えないおかしさは、誰もが感じただろう。とくに武士のあいだで評判になったに違いない。

その年、倉橋格は、別世のアバターである恋川春町の書いた作品について幕府の呼び出しを受けた。しかし倉橋格は応じなかった。倉橋格、満四十五歳。死去。自害だと言われている。いくつもの「わたし」をもっていても、身体はひとつである。

一方、朋誠堂喜三二（一七三五〜一八一三年）は黄表紙『文武二道万石通』（一七八八年刊 蔦屋耕書堂）を書いた。源頼朝（将軍・徳川家斉のこと）は、武士たちを「文」と「武」に分けて管理するよう、畠山重忠（松平定信のこと）に命じる。重忠は武士たちに、富士山の穴に入って不老不死の薬を探せと命じる。命じられた武士たちは、文の道に明るい者たちが「文雅洞」を通り、武が得意の者たちは「妖怪窟」を通り、それぞれ無事で出てくるが、どちらにも行かれずに「長生不老門」に入った「ぬらくら武士」のみが、裏口にしかけられたところに足がすべって転がり落ちる。その転がり落ちた武士たちの衣装から、誰を示しているのかがわかる。七曜星の紋＝田沼意次、赤＝元勘定奉行・赤井豊前守、松＝元勘定奉行・松本伊豆守、土＝元勘定組頭・土山宗次郎。松平定信によって排除された武士たちである。

ほかのページでは、武士たちが遊びに夢中だ。その遊びは実に多様である。茶の湯、生け花、香合わせ、蹴鞠、豊後節、碁、将棋、めくり札、俳諧、乱舞、釣り、揚弓、義太夫、河東節、相撲、拳、役者の身振り声色等々。

　この黄表紙でも、松平定信は批判されていない。しかし御留守居役の平沢常富は、別世（べつよ）のアバターである朋誠堂喜三二が書いたこの黄表紙によって、秋田藩より止筆（とめふで）を命じられる。『文武二道万石通』と『鸚鵡返文武二道』。どちらの黄表紙にも、幕府や定信への批判は書かれていない。それは十分に注意したであろう。問題は「おかしみ」つまり「笑い」のもつ批評性である。藩に止筆を命じられる処分と、幕府から呼び出しを受ける処分、この二つにどのような違いがあるかと言えば、おかしさの度合いだ。『鸚鵡返文武二道』のほうがはるかにおかしい。死に追いやられるほどの才能を、倉橋格はもっていた。そう考えると、定信が被（こうむ）った衝撃にほくそえみながら、淡々と自死したのであろう、と想像できる。

　江戸文化はこうして、笑いの批評性を確立した。お笑い番組に首相を呼ぶような時代ではなかった。言葉からははっきりと見えないが、別世（べつよ）＝隠れ家の文化はその存在全体で、家を中心とする社会システムに対峙（たいじ）していたのだ。

　落語もそのひとつであった。落語はもともと、辻に立って話すところから始まった。座敷に人が集まって話をするのは、江戸時代の中期以降であるが、しばらく低迷していた。

あるとき、幕府小普請方・木室七左衛門は、京都への長期出張を命じられた。木室七左衛門は別世での名前を白鯉館卯雲という。著名な狂歌師であった。帰ってきて、『鹿の子餅』という小咄集を刊行する。これがきっかけで、毎年、江戸ではなんらかの小咄の本が刊行されるようになった。これが落語発祥のひとつのきっかけである。

もうひとつのきっかけがあった。江戸で大家を務める久須美孫左衛門は、別世で大屋裏住という狂歌師で、本町連を率いていた。そのなかに大工の棟梁で、足袋屋も営む中村英祝という人がいた。本町連では、野見釿言墨金と名乗っている。この人が一七八三年、竹杖為軽主催の「宝合わせの会」に参加した。宝合わせとは、歌合わせのパロディである。ものを持ち寄り、それがなぜ宝なのかを存分にしゃべる、という狂歌師たちの会合だ。そこで評判をとったのが、この野見釿言墨金、のちの烏亭焉馬である。和泉屋和助、立川焉馬、談洲楼焉馬とも名乗っていた。一七八六年から烏亭焉馬は「咄の会」を開き、それは長く途切れることなく続いた。ここから落語が生まれたのである。

こうして落語も狂歌連によって生み出されたのだった。この後、ひとりで複数の役を果たす落語は、まさに自分を分岐してシーンを作ることになる。

別世をつくること

江戸時代は、身分制社会のなかで役割が極めて狭く明確に決まっていた。しかしだからと言って人が創造力を失うことはなく、むしろ今より活気ある創造が展開していた。私が『江戸の想像力』のなかでそれを書いたときから今日に至るまで、「江戸を明るく書いた」ことを批判された。「明るい」という言葉を一度も使っていないにもかかわらず、「なぜ明るい時代だとしたのだ」と言われることがある。誤読なのか、それとも江戸にしっかりと根付いていた別世の効果なのか？

このことは、私たちの時代を顧みる契機にもなる。お笑い芸人が批評性を失い、政府に囲い込まれるこの時代、笑いとは何を励起させるのか、改めて考えたい。

「わたし」が多様になるのは避けられない。いや、もうなっている。それは病理でもなく、インターネットのせいでもない。むしろ「わたしのなかの多様性」を、社会のなかの多様性に広げていくことこそ、必要なのだ。

終章　アバター　私の内なる多面性

田中優子

本書は2018年12月9日（日）に、朝日新聞社主催、法政大学共催、法政大学江戸東京研究センター・法政大学グローバル教育センターの協力により、法政大学薩埵（さった）ホールで開催された朝日教育会議「江戸から未来へ　アバター for ダイバーシティ」をもとに書き下ろした本である。

法政大学に、海外交流協定大学であるアメリカ合衆国ニューヨークにあるニュースクール大学社会学科長・池上英子教授と、落語家の柳家花緑氏をお迎えした。

当日は田中優子の講演「江戸文化とアバター」、池上英子教授の講演「アバターで見る知の多様性――ダイバース・インテリジェンスの時代」を実施したあとに、柳家花緑氏をまじえたパネルディスカッションをおこなった。

人がいくつもの名を使い分ける多名の江戸時代から、近代の「個人」に統合する時代を経て、今は個人主義から分身主義へゆるやかに移行する時代になったのではないか、という問題提起である。多様性が個々の多様性だけではなく、個人の内なる多様性としてここまで語られたのは初めてであろう。それを一日の出来事にするにはあまりにももったいないと思い、書籍にして残すことにした。

池上英子さんが序章で書いてくださったように、私は総長の仕事で2017年秋にニューヨークに行ったのだが、そのときニュースクール大学に立ち寄ることになった。そこに池上英子という日本人の社会学科長がいる、という。私はその名前を憶えていた。十年以上前、『美と礼節の絆――日本における交際文化の政治的起源』（2005年　NTT出版　原著 *Bonds of Civility*, Cambridge University Press）という本を毎日新聞で書評したのだが、その著者だったのである。私は書評欄で、本書は、日本人が文芸やふるまいの様式を積極的に利用しながら、自ら複数のパブリックを作り続けてきたことを的確に書いた本であることと、欧米のさまざまな事例と丁寧に比較しながら、古代から江戸時代に至るコミュニケーションとアイデンティティ形成とネットワークの変化の歴史を見事に描いており、とりわけ江戸時代において独自の「シビリティ」が形成され、無数の「パブリック圏」が社会的な自分にとっての「隠れ家」として機能した、という重要なことを指摘していること、そして「社会と文化が関わりながら動く歴史のダイナミズムを味わうことができる本である」と、しめくくっていた。つまり、たいそう気に入り気になった本だったのである。なぜなら江戸社会のなかに私と同じ風景を見ていたからである。

ニューヨークに行く半年前の2017年3月に刊行された『ハイパーワールド　共感しあう自閉症アバターたち』を早速読んだ。これはNHKでテレビ番組にもなっていた。

『美と礼節の絆』と同じものを見ている」と思った。そして私が大学生のときに出会った江戸時代の人びとが、初めて「アバター」という名で浮上したのである。「そうか、あれはアバターだったのだ」——心から納得した。

ニューヨークでお目にかかってさらに一年後、法政大学での催しが実現した。法政大学はSGU（スーパーグローバル大学）に認定されたグローバル大学だが、そのグローバル化をダイバーシティ（多様性）の容認と不可分のものとして位置付けていた。そこでダイバーシティをテーマにすることにしたのだが、やはりこれはアバターに出演してもらわねばならない。池上さんに来ていただくことにした。

朝日新聞社とほかの出演者について話し合っていたとき、落語家の柳家花緑さんの名前が挙がった。私はテレビ番組でご一緒したことがあったが、そのときは知らなかったことがある。それは花緑さんが文字の認識に弱さがある発達障害「ディスレクシア」（読み書き障害、識字障害、難読障害）だという事実である。花緑さんはすでにご著書でそれを書いていた。そう、著書である。読み書き障害があるにもかかわらず、膨大な演目の落語をこなし、著書までお書きになっている。これらの障害は本当に障害なのだろうか？

『ハイパーワールド　共感しあう自閉症アバターたち』では、多数を占める人びとを定型発達者と呼び、それ以外の人びとを非定型発達者と呼んでいる。両方とも発達者であって、発達に障害があるわけではない。決まった型なのか、そうでない型なのか、という違いである、という認識なのだ。その非定型のなかには、無目的なおしゃべり、すなわちスモールトークやガールズトークが苦手であることとか、人と話すこと自体が大きなストレスであるといった、私自身に心当たりがある傾向も記されている。

共有する話題のない人と向き合って目的の無い会話を続ける風景は、想像するだけで苦痛に満ちている。私はさらに、仕事と無関係の日常の買い物に大きなストレスを感じる、という特徴がある。買い物はすべてメモをとってそれがある場所に直行し、それだけ買って終わらせないと、くたくたになるのだ。しゃべることや日常生活で社会とつながれない感覚を子どものころにもっていたことで、ひとりで本を読む時間と空想にふける時間が最も幸せな時間になり、文章表現で外界とつながる、という方向に偏っていった。もしだれもがこの程度の非定型発達者だとすると、定型発達者とは具体的に存在する大多数のことではなく、単なる平均値のことかもしれない。むろん、平均値に限りなく近い身体数値をもった人がいるように、平均値に近い定型発達者もいるであろう。しかしそれだけのことだとすると、たしかに、自閉症を知ることは自分を知ることにもつながり、人間への洞察を深くさせる。

はっきりしてきたアバターの姿

シンポジウムは田中優子、池上英子さん、そして柳家花緑さんをまじえたディスカッションという順番で構成されたが、本書では逆にした。読者に読みやすく、面白く没頭していただきたかった。第一章で池上さんは柳家花緑さんと対談しながら、大学でおこなったディスカッションを、より深化させて掘り起こしてくださった。「落語はアバター芸」だ、というところから始まり、「噺家はマリオネット（人形操り）」「落語は江戸のジュラシック・パーク」「落語家はトップアスリート」「落語家は笑いの目利き」という名言が次々に飛び出し、「愚行権」までいくと落語の与太郎、粗忽者、総動員だ。果ては、落語とはなべて、人間が生まれたときから身につけさせられる「常識」に対する「非常識」なのであり、落語家は高座という場所でその「非常識」を語り、客はそれを聞きたくてわざわざ足を運ぶ、という卓見に至る。ついに池上さんは、柳家花緑さんを「非定型インテリジェンスの典型」と呼び、花緑師匠は自らを「ニューロ・ダイバーシティ落語家」と高らかに宣言する。すごい。このスピードが、江戸の笑いのスピードである。

この対談を受けて第二章で池上さんは「アバター主義」を主張した。東の渡辺崋山と西の横山崋山を登場させ、江戸はユニバースを超えた「マルチ・バース」（多元的宇宙）だった、と喝破する。江戸人はマルチ・バースにおいてアバターを切り替えながら生きていたのだ。そこで改めて「ニューロ・ダイバーシティ」についての説明がある。「ニューロ・ダイバーシティ」は発達障害を単なる「障害」「症状」としてみるのではなく「ひとつの個性」としてありのままに見ようとする思想である。そこにギーク（コンピューターなど何かに特化した世界に夢中になるオタクを指す俗語）が現れる。ギークを発見するには、私たちがもっと進化しなければならないだろう。とくに教育の世界はあまりにも遅れている。「インプットモードまで考慮してこそ、ニューロ・ダイバーシティなのだ」という池上さんの言葉は衝撃的だ。今の教育はアウトプットにしか注目していないから、結局卓越したアウトプットを導き出せない。インプットモードの個々の違いがわかってくれば、特性あるインプットモードつまり多様なニューロから、いま必要なニューロを探し出し、組み合わせ、育て、新しいアウトプットを生み出せるのである。決して効率性のことを言っているのではない。インプットモードを考えに入れることで起こるかもしれない、新しい知性の誕生の可能性を言っているのだ。

池上さんはそれを「創発するアバター」という言葉でも表現している。「私たちは、さまざまなパブリック圏で自らのネットワークを他者と交差させながら、刻々と自分のなかに分身を生じさせている」。それが「創発するアバター」であり、その背後にあるのがエマージェント・プロパティ（emergent property ＝創発特性）である。エマージェント・プロパティとは、池上さんが第二章で説明しているように、数の要素が集まって大きなシステムや組織を作るときに、個々の足し算では測れない新しい性質が現れることをいう。ひとは自分のなかの「アバター」すべてを見通すことはできない。アバターは「パブリック圏」という場のなかで、つまり他者との交流のなかで出てくる「エマージェント・プロパティ（創発特性）」としての分身なのだ、と池上さんは述べている。「パブリック圏」は池上さんが使っている大事なキーワードだが、最初これを聞くと頭のなかで「公共圏」と訳されるので、現実社会そのものではないか、と思ってしまう。しかしこれが意味するところは「ネットワークが交差するところに生まれる自由を可能にする空間」である。アバターはひとりでいると出てくるものではなく、ネットワークのなかで出現するのだ。

アバターには魅力的な未来がある

私は第三章で江戸時代のさまざまな事例を描いた。第二章まででアバターについて十分に知っていただき、第三章では江戸時代において実際に個々のアバターが多様自在に展開してそれが江戸文化を作っていたことを、実感していただきたかったのである。そこに描きそこなった事例を二人紹介したい。

一人は松尾芭蕉である。江戸に出てきた彼は、実生活では町名主(まちなぬし)の秘書で、コミュニティによる水道管理の責任者だった。江戸には地下に水道が引かれていた。そしてところどころに堰(せき)が設けられ、地上に露出している。そこで、水道が引かれている地区ごとに人を出して掃除をし、自分で出られなければ人をやとって責任を果たすのである。それを実施するにはしっかりした責任者がいて組織をまとめなければならない。その組織化は芭蕉が実現した。後世の人びとが知っている俳諧の宗匠・芭蕉は、この組織のなかで準備されていたと私はみている。「無能無芸にしてこの一筋につながる」つまり「俳諧しかできない」という自己認識をもっていた芭蕉は、管理責任者として働きながらそのネットワークのなかで、止むを得ずではあったかもしれないが、ある種のリーダーシップを育てていたのではないか。「宗匠」には、メンバーの才能を尊重しながら作品をまとめていくリーダーの素質が必須である。芭蕉は自分の多様なニューロから、いま必要なニューロを探し出し、組み合わせ、育て、新しいアウトプットを生み出していた。俳諧しかできない自分が旅に向かって動き出したとき、その才能が俳諧の才能と組み合わさったのではないか。多様なアバターは同時に存在しつつも、現れ方に時間差が生まれる場合があるのだ。

もう一人は伊能忠敬である。佐原村の名主として村の争いごとや幕府との関係に心を砕き、苦労が絶えなかったが、そのなかで正確な記録を残すことの必要性を実感し、事件のひとつを『佐原邑河岸一件』としてまとめあげている。同時に暦に関心をもち続け、天体観測をしながら仕事をしている。名主を務めながら、記録者、天文学者のアバターを育て続け、隠居後はついに、そのひとつのアバターを選んで佐原を離れ天文学に集中し、測量に出るのである。二人とも「隠居」後、アバターに移行をしている。しかし突然そうなったわけではなく、同時に育て続けていた。江戸時代は多くのひとが隠居にあこがれていた。現役の仕事に固執するひとはいない、と言ってよい。子息や若者に仕事を受け渡すのは当然のことであった。一方、隠居は年齢で決めるのではなく、芭蕉や西鶴のように自ら別の人生を選んだ者は僧形になることで社会にその意思を表明し、アバターに重点を移す。そしてどちらもアバターを育てている間に、隠れ家のネットワークを形成している。

江戸時代は高齢化社会ではなかったにもかかわらず、隠居の活躍する社会だった。高齢化がますます進む今後の日本では、アバターというテーマは非定型発達者だけの問題ではなさそうだ。池上さんが書いた第二章と著書『ハイパーワールド』に登場するアバターを駆使する人びとはいずれも魅力的である。アバターをもつことで広がる世界のことを思うと、「ひとつの空間に固執するべからず。自分のなかに豊かなマルチ・ユニバースと『分身』を確保すべし」という池上さんのアバター主義宣言は、とても大きな意味をもってくる。

最後に、アバター主義のもうひとつの大事な点を書いておきたい。それは第二章に池上さんが書いた「他者への不可知性」という言葉である。私は第三章で、『今昔物語』にそのような話が頻繁に出てくると述べたが、そこから考えて日本の仏教は「他者への不可知性」を育てたのではないか、と考えている。つまり、いま目の前にいるひとはとても貧しい旅人に見えるが、もしかしたら地蔵菩薩の化身かもしれず、だとしたら大事にもてなさねばならない、というマレビト思想だ。仏教だけでなく「スサノオノミコトかもしれない」というのもある。目に見えるものだけがすべてではない、自分の常識だけが絶対なのではない、このひとには私の知らない面がある、という考え方は、ひとへの配慮と深慮をはぐくむばかりでなく、想像力と知的好奇心を伸ばす。ネットワークはそのような発想のもとで広がっていった。そしてそれは、差別や排除を最小限にとどめる道でもある。

2018年12月9日に始まった「江戸から未来へ　アバター for ダイバーシティ」は、本書『江戸とアバター　私たちの内なるダイバーシティ』でひとくぎりした。そしてこれからもさまざまな方法でダイバーシティを目的にしたアバター主義を、広めていくであろう。

なお、池上英子さんと田中優子の参考文献は、掲載すると膨大な量になるので、本書に出てくるそれぞれの自著で確認していただきたい。

池上英子 いけがみ・えいこ
ニュースクール大学（NY）大学院社会学部教授、プリンストン高等研究所研究員。お茶の水女子大学卒、日本経済新聞記者、筑波大学修士課程、ハーバード大学大学院社会学部博士課程（Ph.D.）、イェール大学准教授を経て現職。著著に『美と礼節の絆──日本における交際文化の政治的起源』『ハイパーワールド──共感しあう自閉症アバターたち』『自閉症という知性』など。

田中優子 たなか・ゆうこ
法政大学総長。神奈川県生まれ、法政大学大学院（日本文学専攻）修了、法政大学社会学部教授。著書に『江戸の想像力』『近世アジア漂流』『江戸百夢──近世図像学の楽しみ』『きもの草子』『春画のからくり』『布のちから──江戸から現代へ』など多数。

朝日新書
757

江戸（えど）とアバター
私（わたし）たちの内（うち）なるダイバーシティ

2020年3月30日第1刷発行

著者　池上英子
　　　田中優子

発行者　三宮博信
カバーデザイン　アンスガー・フォルマー　田嶋佳子
印刷所　凸版印刷株式会社
発行所　朝日新聞出版
〒104-8011　東京都中央区築地5-3-2
電話　03-5541-8832（編集）
　　　03-5540-7793（販売）

Published in Japan by Asahi Shimbun Publications Inc.
ISBN 978-4-02-295062-8
定価はカバーに表示してあります。

朝日新書

寂聴 九十七歳の遺言

瀬戸内寂聴

「死についても楽しく考えた方がいい」。私たちはひとり生まれ、ひとり死ぬ。常に変わりゆく。かけがえのないあなたへ贈る寂聴先生からの「遺言」――私たちは人生の最後にどう救われるか。生きる幸せ、死ぬ喜び。魂のメッセージ。

知っておくと役立つ 街の変な日本語

飯間浩明

朝日新聞「be」大人気連載が待望の新書化。国語辞典の名物編纂者が、街を歩いて見つけた「まだ辞書にない」新語、絶妙な言い回しを収集。「昼飲み」の起源、「肉汁」は「にくじる」か「にくじゅう」か、などなど、日本語の表現力と奥行きを堪能する一冊。

中国共産党と人民解放軍

山崎雅弘

「反中国ナショナリズム」に惑わされず、人民解放軍の「真の力〈パワー〉」の強さと限界に迫る！　国共内戦、朝鮮戦争、文化大革命、中越紛争、尖閣諸島・南沙諸島の国境問題、米中軍事対立、そして香港問題……。軍事と紛争の側面から、〈中国〉という国の本質を読み解く。

朝日新書

安倍晋三と社会主義
アベノミクスは日本に何をもたらしたか

鯨岡 仁

異次元の金融緩和、賃上げ要請、コンビニの二四時間営業まで、民間に介入する安倍政権の経済政策は「社会主義」的だ。その経済思想を、満州国の計画経済を主導し、社会主義者と親交があった岸信介からの歴史文脈で読み解き、安倍以後の日本経済の未来を予測する。

資産寿命
人生100年時代の「お金の長寿術」

大江英樹

年金不安に負けない、資産を〝長生き〟させる方法を伝授。老後のお金は、まずは現状診断・収支把握・寿命予測をおこない、その上で、自分に合った延命法を実践することが大切。証券マンとして40年近く勤めた著者が、豊富な実例を交えて解説する。

かんぽ崩壊

朝日新聞経済部

朝日新聞で話題沸騰！「かんぽ生命 不適切販売」の一連の報道を書籍化。高齢客をゆるキャラ呼ばわり、偽造、恫喝……驚愕の販売手法はなぜ蔓延したのか。過剰なノルマ、自爆営業に押しつぶされる郵便局員の実態に迫り、崩壊寸前の「郵政」の今に切り込む。

ゆかいな珍名踏切

今尾恵介

踏切には名前がある。それも実に適当に名づけられている。「畑道踏切」と安易なヤツもあれば「勝負踏切」「天皇様踏切」「パーマ踏切」「爆発踏切」などの謎めいたモノも。踏切の名称に惹かれて何十年の、「踏切名称マニア」が現地を訪れ、その由来を解き明かす。

朝日新書

一行でわかる名著

齋藤 孝

一行「でも」わかるのではない。一行「だから」わかる。『百年の孤独』『悲しき熱帯』『カラマーゾフの兄弟』『老子』――どんな大作も、神が宿る核心的な「一行」をおさえればぐっと理解は楽になる。魂への響き方が違う。究極の読書案内&知的鍛錬術。

日本中世への招待

呉座勇一

中世は決して戦ばかりではない。庶民や貴族、武士の結婚や離婚、病気や葬儀に遺産相続、教育は、中世の日本でどのように行われてきたのか？ その他、年始の挨拶やお中元、引っ越しから旅行まで、中世日本人の生活や習慣を詳細に読み解く。

簡易生活のすすめ

明治にストレスフリーな最高の生き方があった！

山下泰平

明治時代に、究極のシンプルライフがあった！ 簡易生活とは、根性論や精神論などの旧来の習慣を打破し効率的な生活を送ろうというもの。無駄な付き合いや虚飾が排除され、個人の能力は最大限に発揮される。おかしくて役に立つ教養的自己啓発書。

スマホ依存から脳を守る

中山秀紀

スマホが依存物であることを知っていますか？ 大人も子どもも知らないうちにつきあい、知らないうちに依存症に罹るのがこの病の恐ろしさ。国立病院機構久里浜医療センター精神科医が警告する、ゲーム障害を中心にしたスマホ依存症の正体。

決定版・受験は母親が9割

佐藤ママ流の新入試対策

佐藤亮子

共通テストをめぐる混乱など変化する大学入試にこそ「佐藤ママ」メソッドが利く！ 読解力向上の秘訣など新時代を勝ち抜くカギを、4人の子ども全員が東大理Ⅲ合格の佐藤ママが教えます。ベストセラー『受験は母親が9割』を大幅増補。

ひとりメシ超入門

東海林さだお

ラーメンも炒飯も「段取り」あってこそうまい。ショージさんが半世紀以上の研究から編み出した「ひとりメシ十則」を初公開！ ひとりメシを楽しめれば、人生充実は間違いなし。『ひとりメシの極意』に続く第2弾。南伸坊さんとの対談も収録。